KB023479

EBS 지식채널 ⓔ ✕ 누구나 예술가

EBS 지식채널 ⓔ

✕ 누구나
예술가

지식채널 ⓔ 제작팀 지음

EBS
BOOKS

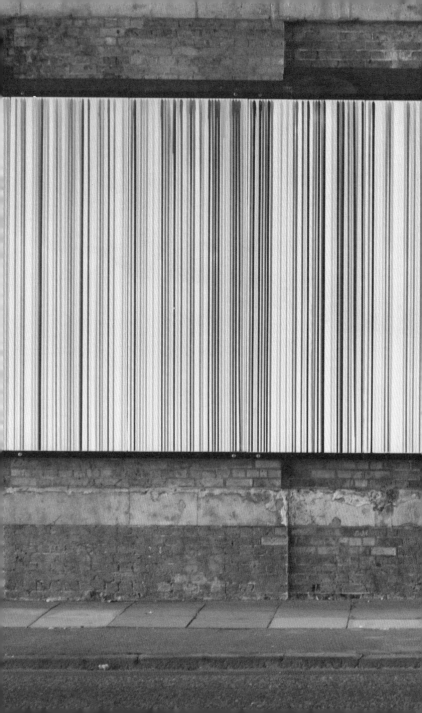

Life is Art

creator

일상을 사랑하는 당신은
예술가다

예술하는 습관

나다운 그림, 나다운 삶

내과 중환자실에서 일하는 8년차 남자 간호사,
대기업 인사팀에 근무하는 직장인이자 네 살 아이의 엄마,
전라남도 곡성에 사는 19년차 귀농 농사꾼.
직업도 사는 곳도 다른 세 사람의 공통점은 '예술하는 습관'.

"고인이 떠난 허전한 침상을 보며 씁쓸한 기분도 잠시,
또 응급실에서 새로운 환자가 밀고 들어옵니다. 이젠
이런 일련의 행위를 그냥 일이고 업무라고 생각하는 게
무섭습니다."

2015년부터 지금까지 페이스북 페이지 '간호사 이야기'에
자신의 일상과 병원에서의 삶을 일기처럼 그림으로 그리는
가천대 길병원 간호사 오영준 씨. 그는 레벨D 방호복을 입고
코로나19와 싸우는 의료진의 이야기를 그림으로 그려
동료 의료진뿐 아니라 일반인들의 큰 공감을 얻었다.

고통으로 몸부림치는 환자 곁에서 느끼는 두려움, 일하며
지새우는 수많은 밤과 시간에 쫓겨 마시듯이 하는 식사,
출근길에 마주치는 중환자실의 씁쓸한 풍경….
습관처럼 남기는 한 컷의 그림은 고단한 일상을
다시 살게 하는 힘이 되어준다.

"고인이 떠난
허전한 침상을 보며
쓸쓸한 기분도 잠시,
또 응급실에서
새로운 환자가
밀고 들어옵니다.
이젠 이런 일련의
행위를 그냥 일이고
업무라고 생각하는 게
무섭습니다."

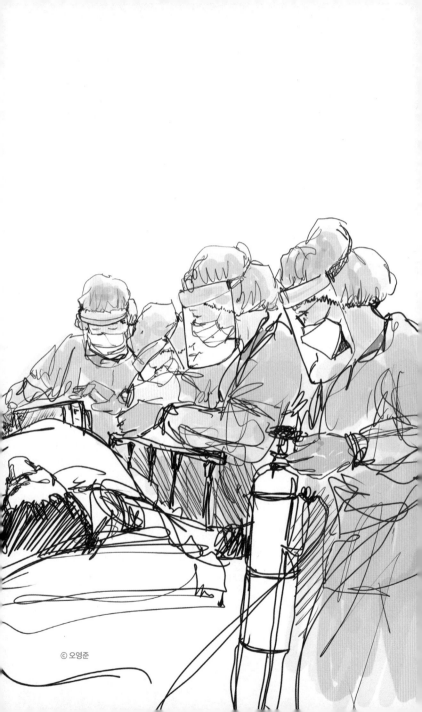

작은 스케치북에 하루를 담는 또 다른 사람이 있다.
예술과는 무관한 전공과 경력이지만 시간을 쪼개서 그리기
시작한 육아 일상 웹툰으로 어엿한 작가가 된
워킹맘 김세경 씨.

대기업 인사팀에 근무하는 그녀는 엄마가 된 후
완전히 달라진 자신의 삶을 그림으로 그리기 시작했다.
그림 경력이라곤 출산 전 화실에서 네 번의 수채화 수업을
들은 게 전부였지만 용기를 내서 네이버 포스트 연재도
시작했다. 그런데 놀랍게도 연재 이틀 만에 메인 화면을
차지할 정도로 화제를 불러모았으며
'꽃개미의 손그림 일기'는 『엄마가 되었지만, 저도
소중합니다』라는 책으로도 출간되었다.

아이가 훌쩍 크면서 어느새 작아진 내복을 보며 드는 아쉬움,
무심코 토닥이는 아이의 손길에 일렁이는 마음과
일하는 엄마라서 한없이 죄스러운 심정….
매일 반복되는 육아에 육체적·정신적으로 지쳐갈 즈음
그림으로 남긴 웃음과 눈물의 순간들은, 엄마가 된
한 여성이 '나다움'을 찾아가는 과정이자

세상의 수많은 워킹맘을 향한 응원의 메시지다.

후배에게 받은 펜과 스케치북 선물에 가슴이 뛰고 설렘이
차오르던 농부 이재관 씨. 선물받은 김에 일하는 짬짬이
스케치북에 그려낸 농부의 사계절은 고단하지만 정겨운
농촌의 일상을 담은 책으로 출간되었다.

한겨울 뒷밭에서 추위를 견디느라 애쓰는 봄동,
말똥거름 퍼담아 싣고 달리는 섬진강 벚꽃길, '띠욕, 따악,
또옥' 딸기 딸 때 나는 소리, 밭일을 하느라 땀범벅이 된
'나의 모습'…. 밥그릇에 물 떠놓고 소박하지만 꾸준하게
열두 해 동안 그린 농부의 소박한 그림일기는
가장 진솔하고 자기다운 삶의 이야기를 담아냈다.

매일 반복되는
육아에
육체적·정신적으로
지쳐갈 즈음
그림으로 남긴
웃음과 눈물의
순간들은, 엄마가 된
한 여성이 '나다움'을
찾아가는 과정이자
세상의 수많은
워킹맘을 향한
응원의 메시지다.

평범한 직장인 남씨의 일상이 예술이 되는 순간

'어떤 사진을 첫 피드로 올려야 할까?'

직장인 남성현 씨(필명 '남씨')는 인스타그램을 시작하는 날, 어떤 사진을 올릴까 고민하다가 셀카나 음식 사진 대신 노트에 그린 고양이 그림을 올렸다.

'어, 갑자기 팔로어가 왜 이렇게 많이 늘었지?'

그 그림에 많은 이들이 '좋아요'를 눌러주었고, 생면부지의 팔로어들이 '인친'으로 다가와 인사를 건넸다.

'다혈질 고양이 탱고와 집사 남씨'의 일상을 담은 그림일기는 이렇게 한 컷의 그림으로 시작되어, 고양이를 키우는 집사들뿐 아니라 일반인들의 공감까지 불러일으켰다. 급기야 책과 SNS 이모티콘을 비롯한 다양한 상품으로도 출시되었다. 그렇게 직장인 남씨는 어엿한 전문 일러스트레이터가 되었다.

평범한 직장인이라도 자신만의 이야기와 개성을 담은 글과 그림을 꾸준히 쌓아가면 생활예술가로의 데뷔가 어렵지 않다. 네이버 포스트, 인스타그램 등 다양한 플랫폼 덕분이다. 이와 더불어 성인들의 예술 교육에 대한 니즈도 점점 더 증가하고 있다. 교육부 자료에 따르면, 성인을 대상으로 하는 예능학원 수강자는 2013년 42,462명에서 2016년 193,258명으로 급증했으며, 최근에는 각종 온라인 클래스도 활성화되고 있다.

평범한 사람들의 '저마다의 일상'에 담긴 소소한 감동과 웃음 그리고 가슴 아픈 사연들은 동시대를 살아가는 '누구나의 공감'을 사기에 충분하다. 출판계에서도 수년 전부터 다양한 채널을 통해 이들을 작가로 발굴해서 데뷔시키는 데 힘을 쏟고 있다.

평범한 이들의 예술적 재능은 꾸준히 자신의 이야기를 쓰고 그리는 '예술하는 습관' 그 자체다. 그들이 가장 쉽게 도전할 수 있는 분야는 '웹툰'이다. 우리나라 웹툰은 최근 다양한 플랫폼에 힘입어 전 세계로 뻗어나가면서 가장 인기 있는 콘텐츠로 각광받고 있다.

그 소재도 괴물, 전생, 좀비 등 무궁무진하다. 웹툰이 강력한 스토리의 힘을 발휘하면서 드라마와 영화의 '원소스 one source'로서 핵심적인 콘텐츠 산업으로 성장하는 동안, 작가가 아닌 평범한 삶을 사는 많은 이들이 '저마다의' 이야기를 통해 웹툰 작가로 데뷔했다. 그들이 소소하게 그려나가는 이야기 속에는 '우리 모두의' 일상 속 희로애락이 진술하게 담겨 있다.

치매에 걸린 아버지를 모시고 사는 부부의 일상을 그린 웹툰 〈우두커니〉는 치매 환자 가족들뿐 아니라 일반 독자들에게서도 큰 공감을 받았다. 부인 심흥아 씨는 웹툰 작가로 활동하고 있었지만, 남편 우영민 씨는 외국계 기업에서 영업직으로 일하다가 아내의 권유로 만화책 출판사의 편집자가 되었다. 그리고 아내가 만든 이야기에 그림을 그린 작품 〈우두커니〉를 통해 웹툰 작가로 데뷔했다. 이 웹툰은 2020년, 한국만화영상진흥원이 한 해 동안 가장 주목받은 만화에 시상하는 부천만화대상에 선정되기도 했다.

웹툰의 경우 작품 소재와 연재 플랫폼이 다양해지는 만큼 작가군도 더 폭넓어질 것으로 보인다. 자신의 분신과도 같은 캐릭터를 통해 직장인들의 고달픈 일상을 그려나가거나, 육아 또는 반려동물과의 삶 등 특별할 것 없는 우리 모두의 하루를 소중하게 그려나가면서 예술하는 즐거움을 누리는 이들은 점점 더 많아질 것으로 보인다.

작은 레고 블록이 창조하는 무한히 큰 세상

"저는 한때 변호사였습니다. 변호사로 살아가는 데 문제는 없었지만 늘 제 안에 또 다른 내가, 아티스트로서의 내가 꿈틀대고 있다는 것을 알고 있었어요. 그러던 어느 날, '아티스트로서의 나'를 밖으로 내보내기로 했고 다시는 뒤돌아보지 않았습니다."

레고 아티스트 네이선 사와야Nathan Sawaya는 뉴욕대 법학과를 졸업한 뒤 로펌에서 일했다. 2004년 3월, 사표를 던지며 레고 아티스트가 되겠다고 했을 때 상사와 동료들은 모두 황당해했다. 그로부터 3년 뒤 첫 전시회장, 관객들의 반응은 폭발적이었다. 아이들의 장난감쯤으로 치부하던 형형색색의 작은 레고 조각들이 엄청난 규모의 예술 작품으로 재탄생한 것을 본 관객들은 탄성을 질렀다. 그의 전시는 2011년 CNN이 선정한 '꼭 봐야 할 10대 전시'로 꼽히기도 했다.

사실 레고만큼 대중적이며 손쉬운 예술 재료도 없다. 화려한 색감의 레고 조각들만 있으면 원하는 형상이 무엇이든 다 창조해낼 수 있다. 설계도만 잘 그리면 된다. 때로는 즉흥적으로 쌓아나가면서 자신만의 독특한 작품을 만들 수도 있다. 네이선은 레고로 누구나 작품을 만들 수 있다는 의미에서 '예술의 민주화'라고 말한다.

내 안에 숨은 창조적 욕망은 내가 사랑하는 것에 몰입하는 순간 예술적 영감으로 변한다. 뉴욕과 서울을 오가며 활동하고 있는 일러스트레이터 문섭moonsub의 '컵 드로잉 프로젝트'가 바로

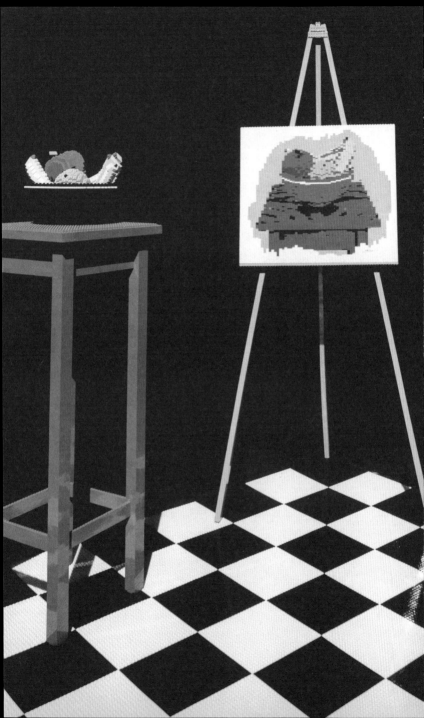

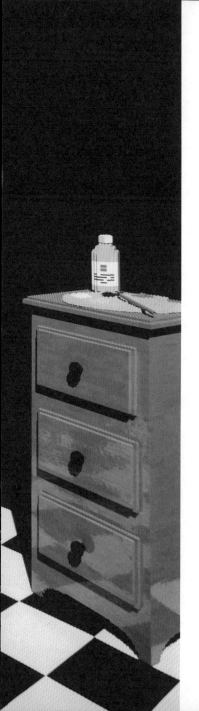

LEGO

+

ART

The Art of the Brick Exhibit, by artist Nathan Sawaya

그 예다. 뉴욕의 1월, 그는 강추위를 피할 심산으로 근처 버치커피로 뛰어들어갔다. 카페에 들어서자마자 따뜻하고 아늑한 분위기와 커피향에 이내 몸과 마음이 녹아내렸다. 게다가 커피도 너무 맛있지 않은가. 순간 가게를 스케치하고 싶다는 생각이 들어 가방을 뒤졌는데, 스케치북이 없었다. 하지만 그리고 싶은 충동을 억제할 수 없어 커피잔에 카페 풍경을 스케치하기 시작했다.

이후 그는 카페에 가면 커피와 함께 빈 테이크아웃 컵 두 개를 주문한다. 거기에 똑같은 그림을 그려 하나는 카페 주인에게 선물한다. 종이컵이 바로 그가 카페를 그리는 캔버스인 셈이다. 그렇게 시작된 커피컵 그림에 카페의 바리스타들은 모두 감탄했고, 인스타그램에 올리자 반응은 상상 이상이었다.

2017년부터 좋아하는 카페의 테이크아웃 컵에 그림을 그려온 문섭 씨는 그 작품으로 서울국제카페쇼에서 전시회를 열기도 했다. 은은한 커피향이 감도는 카페에 앉아 그곳만의 분위기를 즐기는 게 큰 행복이었던 '커피덕후의 카페 그리기'는 이제 '컵 드로잉 프로젝트'가 되었고, 그를 기다리는 카페들도 생겨나고 있다. 이 프로젝트는 한순간의 스냅숏이 아닌 카페 속 이야기를 담고 있다. 뉴욕과 서울, 포틀랜드, 제주, 부산… 그의 카페 투어는 지금도 진행 중이다.

레고덕후와 커피덕후, 두 남자의 예술가로서의 행보는 '일상

속 내가 사랑하는 것'에서부터 시작되었다. 예술을 하겠다는 거창한 목표와 계획 없이도, 내 삶에 즐거움을 주는 대상에 스토리를 부여하는 것만으로도 예술하는 삶은 시작될 수 있다.

참고 자료

'내 선에서 끝내야 한다'… 음압병상 간호사의 '그림일기', 《경향신문》, 2020년 03월 16일 | '꽃개미 작가, 좋은 엄마에 정답이 있나요?', 《채널예스》, 2019년 05월 20일 | '치매 간병기 웹툰 왜 그렸냐면요', 《한겨레21》, 2020년 09월 18일 | 이재관, 『농부 이재관의 그림일기』, 고인돌, 2018 | 김세경, 『엄마가 되었지만, 저도 소중합니다』, 가나출판사, 2019 | '퇴근 후 미술학원 가고 학습지 푸는 직장인들', 《조선일보》, 2017년 09월 19일 | '변호사 그만두고 레고 아티스트 된 이 남자, 이 사람입니다', 《오마이뉴스》, 2017년 10월 17일 | '일러스트레이터 커피컵 아트를 위해 카페에서 영감을 찾다', 《중앙데일리뉴욕타임스》, 2018년 11월 22일 | https://www.moonsubshin.com

그려보니 솔찬히 좋구만

순천 소녀시대 손경애 할머니의

우리가 예술을 몰랐나, 잠시 잊고 있었지

2017년 4월, 전남 순천 그림책도서관에 모인 할머니들.
가장 젊은 학생의 나이는 55세, 맏언니는 87세.
한평생 까막눈으로 살아 색연필은커녕 연필 잡기도 두려운
할머니 학생들이 모여 글과 그림을 배운다.

손이 떨려 선을 긋는 것도 힘겹고 흰 종이만 봐도 겁을 내던
할머니, 아는 글자라고는 이름과 1부터 100까지
숫자뿐이었지만 밥할 때도 부지깽이를 시커멓게 태워서
글자를 썼던 할머니, 내 이름도 주소도 어디서든 척척 쓰는
게 꿈이었던 할머니….

가난 때문에, 여자라는 이유로, 배우고 표현할 기회가 없었고
꿈이 있어도 펼치지 못하던 시절을 지나 할머니가 되어서야
글과 그림을 배운 스무 명의 '순천 소녀시대'.
글을 쓰고 그림을 그리며 굳게 닫혔던 할머니들의 마음이
열리자 평생 묻어둔 가슴속 이야기가 흰 종이 위로
쏟아져 나왔다.

동그라미에 점을 몇 개 찍으니 사람 얼굴이 되고
세모와 네모를 합쳐서 선을 이으니 집과 논밭이 되고
알록달록 깃털에 물을 들이니 새가 되는 기적이 시작되었다.
그리면 그릴수록 점점 과감해지는 선들과 독특한 색채,
따스한 기운이 감도는 할머니 화가들의 그림과 글은
『우리가 글을 몰랐지 인생을 몰랐나』로 출간되었다.

할머니들의 작품은 많은 곳에서 전시 요청과 후원을 받았다.
2018년 3월, 첫 번째 서울 전시 '그려보니 솔찬히 좋구만'을
시작으로 2019년 4월에는 미국 순회전시까지 마쳤다.
글을 배우며 자신감을 얻고 그림을 그리며 홀로 있는 시간을
가득 채우고 잃어버렸던 자신을 찾은 할머니 화가들.
그들의 인생을 고스란히 담은 작품은 일상이 만들어낸
평범한 기적이다.

공부를 하면서
우울증이
사라졌습니다.
그림을 그릴 때도
새로운 것이 자꾸
떠오르고
내가 화가가 된 것 같아
마음이 뿌듯합니다.

— 김유례 할머니

나는 지금이
내 인생에서
최고로
행복한 것
같습니다.

— 김명남 할머니

오늘도 할머니들은 그림을 배우며 꿈을 꾼다

한평생 글자를 모르는 채 살았고 색연필조차 쥐어본 적 없던 할머니들. 그들의 인생이 예술이 되어 세상의 아들딸들에게 가슴 찡한 감동을 선사하고 있다. 일흔, 여든을 앞둔 할머니들은 평생 자식과 남편 뒷바라지밖에 몰랐다. 배움은 뒷전이었고, 하물며 '예술'은 듣도 보도 못한 생경한 말이었다.

글을 모르는 것이 들통날까 봐 항상 가슴이 벌렁벌렁하고, 뭐를 쓰라고 할까 봐 사람 많은 데 가는 것도 싫어서 몸도 마음도 아팠다는 할머니들. 글을 배우고 인생을 다시 살게 되었다는 할머니들은 그림 그리는 것을 배우고부터 삶의 즐거움을 온몸과 마음으로 느끼며 날마다 행복하다고 말한다.

"동그래미, 사각지는 거 그 사각도 못 그려서 엄한 데로 가버려."

"세모도 반듯하게 안 됩디다."

동그라미, 세모, 네모도 똑바로 그리기 힘들었던 할머니들은 그림을 배우면서 강아지, 손녀, 가족들의 얼굴을 그리더니 어느새 자신의 얼굴을 그리기 시작했다. 쓱쓱 맘먹은 대로 그려지자 그림 그리기에 재미가 붙어 하루하루 연습량도 쌓여갔는데, 그림을 가르치는 선생님도 놀랄 정도로 색감이 자유롭고 독특했다. 한정된 색연필로 할머니들이 표현해내는 색감은 그녀들의 굴곡진 삶만큼이나 다채롭고 개성 넘쳤다. '순천 소녀시대' 할머니들의 이야기는 전국 순회전시를 할 정도로 유명해졌다.

할머니들의 '손맛'도 예술이 될 수 있다. 한글학교에 다니는 충청도 할머니들은 '한평생 손맛'의 비밀을 손글씨와 그림으로 풀어 『요리는 감이여』를 펴냈다. 최근에는 방송에도 출연해 시청자들의 눈물샘을 자극하기도 했다. 참외장아찌, 우렁된장, 계란찜, 병어볶음, 돼지껍데기무침, 도토리묵, 술빵… 할머니들이 수십 년 동안 가족을 위해 만들었던 음식들은 삶의 희로애락을 고스란히 담아낸 예술 작품이다.

"시간이 가는 게 너무 아까워."

주미자 할머니는 글을 배우고 자신의 이야기를 담은 책을 쓰면서 하루하루가 더없이 소중해졌다고 말한다. 인생의 굴곡이 고스란히 담긴, 뒤틀리고 주름 가득한 손으로 꾹꾹 눌러쓴 손글씨. 일흔이 넘어 시작한 한글공부로 세상을 다시 배우는 할머니들에게 일상은 또 다른 예술이 되어주었다. 하루하루 생각하고 느낀 것을 글로 쓸 수 있다는 행복은 할머니들에게 여느 작가 못지않은 창의적 영감을 솟구치게 했다.

인생이 예술이 된 순간, 행복에 눈을 뜬 할머니들의 이야기는
예술의 가치에 대해 다시 한번 생각해보게 한다.

글씨와 그림 속에 나다움, 개성과 자유를 담다

몇 해 전, 카페와 지하철 등 뜻밖의 장소에서 색연필과 컬러링
북을 펼쳐놓고 색칠하는 어른들의 모습을 볼 수 있었다. 퇴근 후
친구들과 모여 함께 색칠을 하거나 주말에 나 홀로 조용한 카페
한 귀퉁이에 숨어 앉아 색칠을 하는 이들도 많았다. 《뉴욕타임
스》가 우리나라의 컬러링북 열풍을 보도할 정도였다.

컬러링북의 인기는 2013년 영국 작가 조해너 배스포드의 책
『비밀의 정원』이 세계적인 밀리언셀러가 되면서 시작되었다. 국
내에서도 주요 서점 베스트셀러 1위를 휩쓸면서, 그야말로 컬러
링북 광풍을 일으켰다. 그 무렵 국내 작가 송지혜 씨가 만든 컬러
링북 『시간의 정원』 시리즈는 선인세 20만 달러(약 2억 2,000만 원)
에 북미 지역으로 수출되었다.

당시 컬러링북 열풍을 두고 수많은 매체가 다양한 분석을 쏟

아냈다. 그중 가장 설득력 있던 것은 '일반인들이 가장 쉽게 예술가의 몰입을 경험할 수 있다'는 것이었다. 복잡한 생각의 꼬리를 끊고 오롯이 '나만의 시간'에 몰입해 비워진 마음을 채우듯 그림 속 공간을 색깔로 채우면서 작품을 완성해나가는 즐거움은 진정 새로운 경험이었으리라. 컬러링은 그렇게 예술가들이 영감을 얻고 작품을 창조해나가는 과정을 일부분이나마 경험할 수 있는 계기가 되어주었다.

그렇다면 지금 우리는 무엇으로 예술가의 감성과 몰입을 경험하고 있을까? 일상의 소소한 이야기를 그림과 웹툰으로 그려 SNS와 각종 플랫폼에 공유하는 것이 가장 보편적이다. 그 가운데 눈에 띄는 것은 캘리그래피로 하루의 단상을 표현하는 것이다.

직장인 이승희 씨도 캘리그래피에 빠져 있다. 책이나 영화 등에서 자신이 좋아하는 글귀를 손글씨로 써서 인스타그램에 올린다. 리포스트하는 사람이 점점 많아지면서, 캘리그래피 작가가 된 것만 같아 더 열심히 작업하게 된다며 수줍게 웃었다.

캘리그래피는 글씨의 동적인 선과 독특한 번짐 효과, 여백 등을 통해 그림과는 또 다른 아름다움을 표현해낼 수 있다. 캘리그래피에 매혹된 사람들은 손글씨의 자유로움을 즐기면서 '나답게' 쓰는 법을 찾아가고 있다. 특히 2030세대가 손글씨로 자신만의 개성과 진심을 드러내는 즐거움에 흠뻑 빠져 있다.

캘리그래피 작가들의 활동 영역도 다양해지는 추세다. 이용선

씨는 기업의 브랜딩 프로젝트에 참여하는 등 활발하게 활동하면서 손글씨 관련 책도 펴냈다. 손글씨는 누군가의 글씨를 따라 쓸 필요가 없는, 자신만의 개성이 담긴 시그니처이므로 '자신 있게, 나답게' 쓰라고 그는 조언한다.

예술을 전공하지 않은 사람들이 그림을 그리고 색칠을 하고 손글씨를 쓰는 것은 취미생활에 불과하다. 하지만 '나만의 작품'을 완성해가는 것은 그 과정만으로도 아주 특별한 예술 경험이 된다. 전문 작가의 유려함은 없지만 그 누구도 대신 표현할 수 없는 자신만의 마음을 담게 되고, 그 과정에서 자신만의 개성을 발견할 수 있기 때문이다.

참고 자료

'눈을 반만 뜨고 살다가 이제야 활짝 떴당께', 《경향신문》, 2019년 05월 19일 | 권정자 외, 『우리가 글을 몰랐지 인생을 몰랐나』, 남해의봄날, 2019 | 51명의 충청도 할매들, 『요리는 감이여』, 창비교육, 2019 | '색칠에 빠진 어른들… 컬러링북·캘리그래피 열풍', 《뉴시스》, 2015년 04월 28일 | '손글씨, 당신의 시그니처가 될 수 있다', 《채널예스》, 2019년 01월 23일

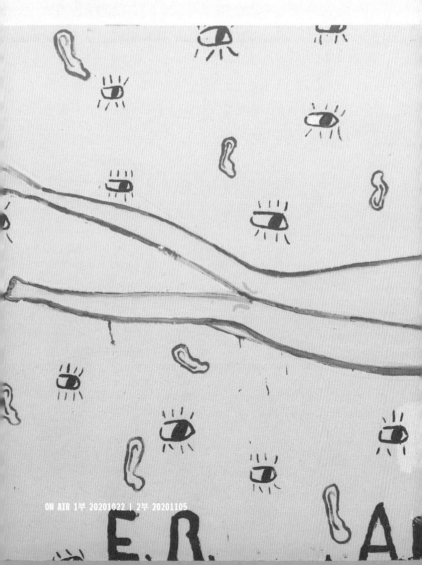

내 그림은
몇 살인가요?

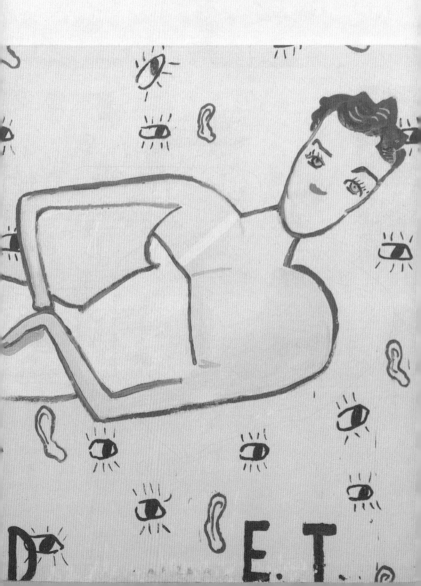

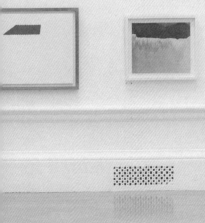

어느 날 문득, '그림 그리는 나'를 발견하다

'천진난만함, 자유로움, 혈기왕성!'

《가디언》이 꼽은 '영국에서 가장 핫한 신예작가'

로즈 와일리의 작품 앞에 붙는 말이다.

47세에 왕립예술대학에서 석사 학위를 받고

본격적인 작품 활동을 시작한 그녀는

76세 생일을 맞이하기 전 비로소 신인 작가로 주목받았다.

이전까지 그녀의 삶을 요약하는 세 단어는 요리, 청소,

육아였다. 미술대학을 중퇴한 스물한 살의 평범한

가정주부였던 그녀의 일상은 매일 똑같이 반복되었지만

그녀가 결코 놓지 않은 습관이 하나 있었다. 순간 떠오르는
영감을 손바닥만 한 노트 위에 그리는 것. 그렇게 20년간
쌓아온 드로잉이 6만 장에 이르렀다.

'그림 그리는 나'를 다시 찾고 싶어 드로잉노트를 들고
커다란 캔버스 앞에 선 그녀는 천진난만하면서도 지적이고,
유머러스하면서도 정치적인 자신만의 작품세계를 차근차근
만들어나갔다.

수십 년 전 바닷가에서 입었던 노란 수영복,
가난했던 시절 돈을 모아 산 드레스, 이발소의 광고판 TV에서
우연히 본 배우…. 76세에 신인이 된 화가에게는 뭐든 그림의
대상이 될 수 있었지만 그녀가 고집한 한 가지 원칙은
지구에서 단 한 번도 그려진 적 없는 것처럼 보일 때까지
수십 번이라도 다시 그리는 것이었다.

"계속해서 다시 그리다 보면 누구나 싫증이 날 수 있어요.
하지만 나처럼 오래 쉬었다면 질리고 말고 할 게 없죠.
하나를 하다가 멈추고 또 하나를 더해나갈 뿐이에요!"
수십 년간 기록해온 수십 장의 기억을 모아야 비로소

시작되는 한 장의 그림. 2미터×5미터의 대형 캔버스를
빈틈없이 채우기 위해 40여 년간 하루 아홉 시간씩
꼬박 작업하며 캔버스에 조각조각 덧붙인 그녀의 시간은
예술을 향한 열정을 고스란히 담고 있다.

천진난만함, 자유로움, 혈기왕성! 70세가 넘어 신인 작가로 주목받은 로즈 와일리를
가장 잘 드러내는 말들이다. 런던 거리에서 왕립 학자 그레이슨 페리와 함께 찍은 사진.

평범한 주부 로즈 와일리가 현대미술의 거장이 되기까지

"코로나로 우울했었는데 그림을 보고 나니 마음이 다 밝아지네요."

"저도 집에 가서 저렇게 그려보고 싶어요!"

예술의전당 한가람미술관에서 열린 로즈 와일리Rose Wylie 전시회를 본 관람객들의 표정과 반응은 그녀의 그림만큼이나 밝고 유쾌했다. 스니커즈에 미니스커트를 즐겨 입는 86세 할머니 작가의 천진한 화풍은 남녀노소를 막론하고 누구나에게 신선한 자극과 행복한 에너지를 전해주었다.

로즈 와일리의 작품은 오랜 세월 미술에 대한 꿈을 놓지 않고 날마다 새로운 그림을 그리기 위해 노력을 거듭한 결과물이다. 평범한 주부의 일상 속에서도 예술에 대한 열정이 전혀 사그라들지 않았던 그녀는 45세에 늦깎이로 영국 왕실예술학교에 입학한다. 그리고 미술을 배우기 시작하며 젊은 시절 못 이룬 꿈을 향해 도전한다. 지금은 영국 현대미술계의 거장으로 인정받으며, 구사마 야요이와 제프 쿤스가 소속된 데이비드 즈워너 갤러리의 전속 작가로 있다.

로즈 와일리는 평범하고 일상적인 오브제를 따듯하면서도 유쾌한 시선으로 화폭에 담아낸다. 이것이 바로 그녀가 전 세계인의 사랑을 받는 이유다. 주변에서 일어나는 소소한 일들을 마치 일기를 쓰듯 재구성해낸 작품들은 현대인들 누구나가 경험하는 '보통의 시간'을 담아냈기에 더욱 친근하게 다가온다. 만일 그녀가 처음부터 아티스트로서의 거창한 목표를 갖고 작품 활동을 했다면, 그토록 오랜 세월 멈추지 않고 그림을 그리면서 차근차근 자신만의 화풍을 만들어내지 못했을지도 모른다.

니체는 "예술은 삶의 위대한 자극제이며, 예술의 본질은 존재를 완성하는 데 있다"고 말했다. 예술이 얼어붙은 삶의 감각을 일깨우고 창의적 영감을 불러일으킨다는 의미 아닐까 싶다. 천진난만하고 유쾌한 에너지를 뿜어내는 로즈 와일리의 작품을 보면 86세라는 그녀의 나이가 무색해진다. 그녀는 이제 막 예술가라는 존재로 새로운 인생을 시작했기에 작품 역시 더없이 활기차고 따듯하다.

예술이 삶을 재창조하는 에너지를 주기에 우리는 그토록 예술을 좋아하는지도 모른다. 위대한 창조적 행위로서의 예술이 아니더라도, 하루하루의 평범함과 순간의 아름다움을 느끼면서 일상을 사랑하는 나만의 방식을 찾아나가는 것도 '예술하는 삶'이라 할 수 있지 않을까?

차가운 대리석에 갇힌 천사를 찾아 헤맨 미켈란젤로

100세가 넘은 화가의 100억 원짜리 케이크 그림. 미국인이 사랑하는 화가 웨인 티보Wayne Thiebaud의 '진열장 안 컵케이크'(2011)의 그림값이 2019년 뉴욕 소더비 경매에서 100억 원을 넘어섰다. 101세(1920년생)의 현역 화가 웨인 티보의 작품 가격은 해를 거듭할수록 가파르게 오르고 있다. 티보의 작품 중 가장 뛰어나다는 평가를 받고 있는 작품 '네 개의 핀볼머신'(1962)의 추정가는 최고 2,500만 달러(약303억 원)에 달한다.

그림의 가격이 매년 천문학적으로 상승하고 있지만 티보의 일상은 달라지지 않았다. 그는 여전히 이른 아침에 일어나 그림을 그리고, 교수로 재직했던 미술대학에서 무보수로 강의를 하고 있다. 그는 "은퇴란 원하는 일을 할 수 있다는 뜻"이라고 말한다. 즉, 화가로서의 삶에 은퇴란 없으며, 죽음을 앞둔 그날까지 붓을 놓지 않을 것이라는 의미다.

웨인 티보는 당대의 현대미술사조에 무심한 채 자신만의 스타일을 추구해오는 과정에서 독보적인 대가로 자리매김했다. 그의 시선을 잡아끈 것은 상점의 쇼윈도, 디저트가게의 판매대, 슈퍼

마켓 진열장 등이다. 이것들은 이전에는 그림의 소재로 대접받지 못한 대상들이다. 티보는 40대부터 샌프란시스코의 도시 풍경과 디저트 그림에 천착했다. 10대 시절 식당에서 아르바이트를 하면서 매일 접했던 가장 친숙한 사물들을 작품의 소재로 삼았다.

"사람들이 내 그림을 보고 미소 짓는 게 좋다."

100세가 넘은 나이에도 웨인 티보가 붓을 놓지 않고 그림을 그리는 이유다. 언제까지나 현역 화가로 살고 싶다고 말하는 노화가. 그의 순수한 열정은 예술 앞에 나이란 의미가 없음을 보여준다.

"만약 사람들이 내가 작품을 만들기 위해서 얼마나 노력했는지 안다면, 나의 작품이 그리 대단하게 느껴지지 않을 것이다."

신이 내린 천재 예술가 미켈란젤로 부오나로티Michelangelo Buona-rroti의 말이다. 수세기가 지난 후에도 경탄을 자아내는 그의 작품이 타고난 천재성만으로 빚어진 것일까? 90여 년의 생애 동안 끊임없이 타고난 비범함을 가꾸고 다듬는 열정과 끈기가 없었다면, 과연 그가 불멸의 아름다움을 창조해냈을지 다시 생각해볼 일이다.

미켈란젤로에게 조각이란 돌 속에 '영혼'을 불어넣는 과정이었다. 이를 위해 그는 평생 동안 완벽한 돌을 찾아 헤맸다. 수없이 채석장을 드나들었고, 몇 달 동안 채석장 안을 헤매며 가장 적합한 돌을 찾기 위해 노력했다. '피에타'를 작업할 때는 돌을 캐내고 운반하는 과정만 9개월 이상이 걸렸다. 마지막 작품인 '론다니니의 피에타'를 미완으로 남겨둔 채 생을 마감했지만, 그의 예술혼은 작품 속에 고스란히 남아 있다.

생의 마지막 순간까지 붓을 놓지 않겠다는 웨인 티보, 차가운 대리석에 갇힌 천사가 풀려날 때까지 돌을 깎겠다던 미켈란젤로… 예술가의 열정은 영원히 사라지지 않는다. 그들이 남긴 작품에 결코 꺼지지 않는 불꽃처럼 남아 있기 때문이다.

참고 자료

'안녕, 너는 몇 살이니?', 《전자신문》, 2020년 12월 04일 | 강은진, 『예술의 쓸모』, 다산초당, 2020 | '케이크 한 조각과 대도시의 고독한 공존', 《동아일보》, 2020년 04월 29일 | 웨인 티보, 『웨인 티보, 달콤한 풍경』, 강수정 옮김, 에이치비프레스, 2020 | 스티븐 파딩, 『501 위대한 화가』, 박미훈 옮김, 마로니에북스, 2009 | '작년엔 103억, 올해는 220억?… 치솟는 美 100세 화가 작품값', 《서울경제》, 2020년 06월 16일 | 노성두, 『돌에서 영혼을 캐낸 미켈란젤로』, 미래엔아이세움, 2001

"만약 사람들이 내가 작품을 만들기 위해서 얼마나 노력했는지 안다면, 나의 작품이 그리 대단하게 느껴지지 않을 것이다."

가장 보통의
행복

Girl Watering Plants, Carl Olof Larsson, 1898

나의 그림은 나의 집과 같다

19세기 유럽에서 유행하던 인상주의 화풍과는 달리
집 안팎의 소박한 풍경만을 세밀한 스케치로 그려낸 스웨덴
화가 칼 라르손. 그는 내 생애 최고의 걸작은 "사랑하는
가족과 집이 고스란히 담겨 있는 나의 그림"이라고 말했다.

당시 유럽의 화가들은 눈을 사로잡는 강렬한 순간의 빛을
거친 붓터치로 그려내는 데 골몰했다. 하지만 칼 라르손을
사로잡은 가장 인상적인 빛은 품에 안긴 막내딸의 두 뺨에
어린 붉은 빛, 직접 꾸민 거실 창문에 드리운 노을빛, 이름을
부르면 하던 일을 멈추고 돌아보는 아이들의 눈빛이었다.

그는 말한다.
"만약 당신 마음속에 빛이 있다면
당신은 항상 집으로 돌아갈 길을 찾을 것이다."

스톡홀름의 빈민가에서 태어나 화가가 되기를 꿈꿨지만
어렵게 오른 파리 유학길에서 그가 깨달은 것은 인상주의도
유화도 자신에게는 어울리지 않는다는 사실이었다. 그는,
자신이 캔버스 위에 정말로 그리고 싶은 것은 '행복한 가족과
손수 꾸민 집이 만들어내는 풍경과 빛'이라는 것을 깨닫는다.

겨울이 긴 나라에 소중한 햇빛이 들 때 공들여 가꾼 정원에서
사랑하는 가족과 함께하는 아침 식사와 휴일의 독서….
칼 라르손은 인생에서 가장 행복한 순간은 일상에 드는
사소한 빛을 소중히 간직하는 것임을 그림을 통해
보여주었다.

"서로 사랑하거라, 얘들아. 사랑은 모든 것이니까."
30여 년간 가꾼 소중한 집을 떠나며 그가 가족들에게 남긴
가훈이다. 칼 라르손의 정겹고 따듯한 그림과 글은 예술의
진정한 의미가 무엇인지에 대해 다시 생각하게 한다.

Self Analysis, Carl Larsson, 1906, Oil on canvas

"만약
당신 마음속에
빛이 있다면
당신은 항상
집으로 돌아갈
길을 찾을 것이다."

사소하고 아늑한 행복을 담아낸 화가 라르손

수년 전부터 전 세계 리빙 트렌드의 키워드 중 하나는 '북유럽 디자인'이었다. 혹독한 추위를 피해 집에서 긴 시간을 보내는 북유럽 사람들이 집을 꾸미는 방법은 화려한 장식 대신 오래 봐도 질리지 않는 인테리어다. 직접 만든 튼튼한 가구는 북유럽 디자인의 정신적 뿌리라 할 수 있다.

이케아는 북유럽 사람들의 이런 실용 정신과 단순한 아름다움을 기반으로 세계적인 가구회사이자 주거 트렌드의 중심으로 자리했다. 사실 이케아의 모든 디자인은 한 사람으로부터 시작되었다. 바로 스웨덴의 국민화가 칼 라르손Carl Larsson. 그의 그림에 등장하는 나무의자와 심플한 서랍장, 소박한 테이블매트가 깔린 식탁과 오브제 등은 이케아 디자인 철학의 출발점이라고 할 정도로, '스칸디나비아적인 행복'이 무엇인지 잘 보여준다.

"나의 그림은 나의 집과 같다. 어떤 호사스러운 가구도 어울리지 않는다."

칼 라르손이 뽐내려고 그림을 그리지 않았듯, 그의 그림에 담긴 집은 아늑함과 사랑이 깃든 소박한 행복 그 자체다.

파리에서 인상주의가 유행하던 시절, 칼은 위대한 역사적 주제를 후기 로마 스타일로 그리는 데 열중했다. 그는 그렇게 자신만의 길을 찾고자 했으나 당시 화단은 그를 인정해주지 않았고, 파리 살롱 입장도 거절당한다. 결국 그는 파리 외곽에 있는 스칸디나비아 예술 지구로 이사해 아내와 아이들과 함께 살게 되었다. 이후 유화에서 수채화로 바꾸면서 당대의 유화에서는 볼 수 없는 자신만의 개성이 담긴 그림을 그려나간다. 그의 화풍에 결정적인 영향을 미친 것은 아내와 함께 직접 꾸며나간 순트보른의 집이다.

부부는 이 집을 '릴라 히트나스Lilla Hyttnäs'라 불렀고, 여덟 명의 자녀와 함께 살면서 행복이 가득한 집으로 만들어나갔다. 부부가 필요할 때마다 직접 디자인하고 만든 가구와 각종 소품들은 스칸디나비아 스타일의 전형이자 '북유럽 모던 인테리어'의 기초가 되었다.

그의 따뜻한 그림은 '행복은 드러내지 않는 것에 깃든다'는 북유럽 사람들의 삶에 대한 태도를 잘 보여준다. 동시대 인상주의 화가들이 추구한 강렬한 빛이 아닌, 자신이 사랑하는 소중한 빛을 그려나간 라르손. 소유의 욕망에 사로잡힌 현대인들에게 그의 그림과 삶은 일상 속에 예술이 깃들 때 비로소 진정한 행복을 느낄 수 있음을 일깨워준다.

고흐는 소유가 아닌 '존재 양식'으로 살았는지도

가능하다면 돈을 좀 부쳐다오. 네가 여행에서 돌아올 때까지 내가 너무 힘들지 않게. 그림을 계속 그릴 수만 있다면, 정말 행복할 텐데.

— 고흐가 테오에게 보낸 편지에서

평생 가난했던 화가 빈센트 반 고흐Vincent van Gogh. 그는 자신의 귀를 자르고 정신병원을 오갔으며 끝내 들판에서 자살하는 비운의 삶을 살다 갔다. 과연 고흐에게 행복은 무엇이었을까? 처절하고 비극적으로 생을 마감한 그에게도 행복한 순간은 있었다. 그는 "자연이라는 명작을 캔버스에 담는 것이 나의 온전한 행복"이라고 말했다. 그에게 행복은 그림을 계속 그릴 수 있는 자유, 예술을 사랑하며 함께 나누는 존재로 사는 삶 자체였으리라. 이는 에리히 프롬이 말한 예술가들의 존재 양식에 가깝다.

에리히 프롬Erich Fromm은 삶을 살아가는 방식을 '소유'와 '존재'로 구분했다. 그중 '존재'의 방식에 대해 이렇게 말한다.

"존재라고 말하는 것은 무엇을 소유하거나 소유하려고 탐하지 않고 기쁨에 차서 자신의 능력을 생산적으로 사용하며 세계와 하나가 되는 실존 양식을 의미한다."

그에 따르면, 예술가들은 '존재 양식'으로 살며 '경험'을 중시한다. 반면 '소유 양식'으로 사는 사람들은 다르다. 자본주의 세계에서 자신의 가치를 망각하고 더 많은 것을 갖기 위해 아옹다옹 살며 쉽게 허무함을 느낀다. 우리는 누구나 소유의 욕망에서 자유롭지 못하다. 존재 양식으로 산다는 건 쉬운 일이 아니다. 그럼에도 예술가들의 '사랑하며 존재하는 방식'에 눈뜬다면, 나의 존재가 더 커지고 내 마음을 더 많이 표출하는 삶에 가까워지지 않을까?

참고 자료

이소영, 『칼 라르손, 오늘도 행복을 그리는 이유』, 알에이치코리아, 2020 | 이희숙, 『스칸디나비아 예술사』, 이담북스, 2014 | 반 고흐, 『반 고흐, 영혼의 편지』, 신성림 옮김, 예담, 1999 | '고흐로 가는 길-41', 《매경프리미엄》, 2017년 03월 28일 | 에리히 프롬, 『소유냐 존재냐』, 차경아 옮김, 까치, 1996

자연이라는
명작을
캔버스에
담는 것이
나의 온전한
행복

고흐가 그린 밀레의 모작 '첫걸음마' / First Steps, Vincent van Gogh, 1890

Gallery

모든 곳이
미술관이고
공연장이다

벽이 있는 곳이라면,
어디든

벽을 통해 세상에 말을 거는 자들

경찰의 호루라기 소리에 쫓기고 언제든 지워지는 것이
숙명인 거리의 예술. 벽이나 담 등에 낙서처럼 긁거나
스프레이 페인트를 이용해 그림을 그리는 이 예술의 장르는
'그라피티 아트graffiti art'다.

'긁다, 긁어서 새기다'라는 뜻의 어원을 가진 그라피티는
폭발하듯 분출하는 젊은 에너지와 기발한 상상력을 담은
현대미술의 새로운 형태로 각광받고 있다. 그라피티
아티스트들은 낡은 사고에서 탈피해 작품을 통해 끊임없이
자신만의 목소리를 내왔다. 그리고 세상을 향한

새로운 메시지를 새겨왔다.

그라피티 아트 세계에 새로운 바람을 몰고 온 이가 있다.

영화감독이자 '얼굴 없는 거리의 화가' 뱅크시. 1990년대부터
정체를 숨긴 채 활동하고 있는 그는 풍자로 권력에 저항하고
상업주의에 젖은 미술계를 조롱하며 단숨에 세계적인
아티스트 반열에 올랐다.

그림 작업 시간은 4분, 18분, 20분….

도망칠 시간을 확보한 후 본격적으로 그리는 그라피티 아트.
벽은 어디에나 있으니까 그라피티 아티스트들에게 필요한 건
간단한 도구와 빠른 발! 재빠르게 도망치는 게 중요하다.
잡히지 않기 위해 뱅크시가 선택한 것은 글자, 무늬, 그림을
오려내고 그 구멍에 스프레이를 뿌려 완성하는
'스텐실 기법'이다.

도시의 담벼락 여기저기에 그려져 있기에

도시에 사는 사람이라면 누구나 볼 수 있는 그라피티를 통해
뱅크시는 특유의 유머와 사회저항적인 메시지를 전달한다.

최루탄 대신 꽃을 던지는 시위대,

미사일을 껴안은 소녀,

살인 장난감을 가지고 노는 아이,

'영국에서 가장 오염된 곳'이라는 철강도시 포트 탤벗의 벽에

그려진, 타는 재를 마시는 소년….

"벽은 당신의 작품을 발표할 최고의 장소로서

항상 그 자리에 있어왔다."

최루탄 대신 꽃을 던지는 시위대 모습을 그린 뱅크시의 작품.

뱅크시, 세상 모든 벽이 화폭이 되다

2020년 5월 6일, 영국 사우샘프턴의 한 병원에 못 보던 그림 한 점이 등장했다. 코로나19와 싸우는 의료진을 '히어로'로 묘사한 뱅크시Banksy의 흑백 그림 '게임 체인저'. 그가 그림과 함께 남긴 메시지는 의료진의 헌신에 대한 감사였다.

그림 속 멜빵바지를 입은 남자아이가 등에 망토를 두른 슈퍼히어로 모습의 간호사 인형을 들고 있다. 아이의 오른쪽에는 배트맨과 스파이더맨 등 기존의 슈퍼히어로 인형들이 버려진 채다.

'게임 체인저'는 크리스티 경매에서 뱅크시 작품 중 최고가로 팔렸다. 구매자는 프리미엄을 포함해 1,680만 파운드(약 261억 원)를 지불했고, 판매 수익금은 전국 보건기구와 자선단체에 기부되었다. 작품이 판매된 뒤에도 병원에는 '게임 체인저' 사본이 계속 걸려 있다.

뱅크시는 시대와 장소에 걸맞은 메시지가 담긴 그림으로 세상의 모든 벽을 통해 말을 걸어온다. 그의 작품은 특정한 장소에 있을 때 훨씬 더 조화롭고 가치를 발하는 '장소 특정적 예술site-specific art'을 지향한다. 위치 자체를 작품 구성의 요소로 활용하며,

미술관에 걸려 있는 그림들과는 달리 관람객들의 적극적이고 자연스러운 개입을 유도한다.

낙서가 아닌 아트로서 그라피티의 예술정신은 대중과의 적극적인 소통에 기반한다. 뱅크시를 비롯해 시대를 대표하는 그라피티 아티스트들은 존 레넌이 말한 "모두가 같이 꾸는 꿈은 현실이 된다"라는 말을 실현해내고 있다. 감상을 위한 예술이 아니라 표현과 표출에 가까운 예술인 그라피티 아트는 아티스트의 주관과 의지가 강하게 드러나기 때문에 다른 장르보다 에너지와 개성이 더 강하게 느껴진다. 무엇보다 예술을 통해 세상과 만나는 접점을 제공해준다.

2008년 오바마 당시 미국 대통령선거 후보의 얼굴이 담긴 'HOPE 포스터'를 선보인 그라피티 아티스트 셰퍼드 페어리Shepard Fairey. 그의 작품도 예술적 아름다움과 사회정의에 대해 다시 생각해보게 한다. 지구 환경, 소수자, 평화 등 수많은 현안에 대해 성찰할 기회를 제공하는 셰퍼드 페어리의 작품은 '예술을 통해 세상을 조금은 덜 두렵게 느끼도록 해주고 싶다'는 그의 바람을 담은 채 전 세계인들을 만나고 있다.

이제 그라피티 아트는 세상과 좀 더 밀접한 관계를 맺게 해주는 예술로 자리매김했다. 전 세계 어디에도 벽은 있고, 그 벽은 저마다 할 말을 할 수 있게 되었다.

삭막한 도시에 다정하게 말을 거는 설치미술 러버덕

잠실 석촌호수에 갑자기 등장한 노란색 오리 한 마리. 무게만 1톤이 넘는 '러버덕Rubber Duck'이라는 이름의 이 오리는 2014년 가을 한 달간 무려 440만 명의 관람객을 만났다. 당시 SNS에는 러버덕 피드와 해시태그가 대유행이었다.

러버덕은 네덜란드 출신의 세계적인 공공미술가 플로렌타인 호프만Florentijn Hofman이 제작한 설치 작품이다. 2007년 처음 선보인 후 네덜란드 암스테르담을 비롯해 오사카, 시드니, 상파울루, 홍콩 등 전 세계 16개국을 돌며 평화와 행복의 메시지를 전해왔다.

미술관이 아닌 도심의 호숫가에서 만나는 예술 작품은 관객들에게 예술의 의외성을 경험하게 해주었다. 호프만은 실생활에서 쉽게 접하는 소재를 활용해 거대한 크기의 초대형 작품을 만든 후 삭막한 도심 한곳에 설치해서 그곳을 지나다니는 사람들의 일상에 예기치 못한 즐거운 사건을 만들어준다.

그의 다양한 프로젝트는 단순한 작품 전시를 넘어 '치유와 교훈의 메시지'를 전달하는 것으로도 유명하다. 러버덕 프로젝트

호프만은 실생활에서
쉽게 접하는 소재를
활용해 거대한 크기의
초대형 작품을 만든 후
삭막한 도심 한곳에
설치해서 그곳을
지나다니는 사람들의
일상에 예기치 못한 즐거운
사건을 만들어준다.

도심 호숫가에서 만나게 되는 플로렌타인 호프만의 작품 '러버덕'.
러버덕은 16개국을 돌며 평화와 행복의 메시지를 전하고 있다.

의 경우 '세월호 사고로 실의에 빠진 한국 국민들에게 기쁨과 희망을 나누고 상처를 치유하는 힐링의 기회가 되길 기원한다'는 그의 바람을 담았다. 국경과 경계, 그 어떤 정치적 의도도 없는 예술이 지닌 자유와 치유의 힘을 보여준 것이다.

최근 호프만의 신작 'The Bospolder Fox'가 그의 고향 로테르담에서 공개되었다. 약 16미터 크기의 거대한 여우가 분홍색 비닐봉지를 입에 물고 있다. 이 여우는 자연과 도시, 두 영역 사이의 충돌을 상징한다. 이곳은 과거 자연습지였는데 도시개발이 이루어지면서 갈 곳을 잃은 여우를 비롯한 야생동물들이 종종 쓰레기통을 뒤졌다고 한다.

여우가 설치된 교차로를 지나는 사람들은 실제로 이 작품을 만져보면서 직접 느낄 수도 있다. 아이들은 친구들과 함께 이곳에서 놀기도 하고, 도시를 찾아오는 사람들에게는 약속장소이자 랜드마크로도 활용된다. "작품의 존재만으로도 사람들을 미소 짓게 만들고 지루한 일상에서 벗어나 잠시 휴식을 갖게 하고 싶다." 이러한 호프만의 바람대로 전 세계 사람들이 그의 작품을 통해 미술관 밖으로 '도망친' 예술을 만나는 즐거움을 만끽하고 있다.

'공간과 예술의 컬래버레이션'은 뜻밖의 장소에서 예술을 만나는 행복한 경험을 선사한다. 다양한 장르의 예술가들이 도시의 정체성을 표현하는 설치미술로 큰 사랑을 받고 있다. 일본 나오시마의 상징과도 같은 구사마 야요이(草間彌生, Kusama Yayoi)의 작품 '노란 호박'과 6·25전쟁 70주년을 기념해 강익중이 광화문에 선보인 '광화문 아리랑'처럼, 특정 지역의 아이콘이 되거나 역사적 스토리를 상징하기도 한다. 삭막한 도시와 적요한 섬도 예술 작품이 들어서는 순간, 살아 숨 쉬는 공간으로 재탄생하게 된다.

참고 자료

뱅크시, 『Banksy Wall and Piece』, 리경 옮김, 위즈덤피플, 2009 | '허를 찌르는 예술, 뱅크시를 찾아서', 《인디포스트》, 2017년 08월 26일 | '이문정의 요즘 미술 읽기-장소특정적 미술', 《문화경제》, 2016년 06월 20일 | '간호사 슈퍼히어로, 뱅크시 그림 224억 원에 낙찰', 《조선일보》, 2021년 03월 24일 | '위대한 낙서 셰퍼드 페어리展 평화와 정의, 검은 석유의 파도가 말하는 것은?', 《매일경제》, 2017년 04월 05일 | '강익중, 광화문 광장에 공공미술 작품 설치', 《아트조선》, 2020년 06월 15일 | https://www.designboom.com

검은 건반, 흰 건반

온 세상의 평화를 기원하는 한 곡의 노래

2015년 6월, 미국 사우스캐롤라이나주 찰스턴 흑인 교회.
한밤의 적막을 깨고 수십 발의 총성이 울렸다.
흑인 아홉 명이 죽고 세 명이 중상을 입은 참혹한 총기난사
사건의 범인은 20대 백인 청년 딜런 루프.

"인종 전쟁을 시작할 목적이었다."
백인우월주의에 사로잡힌 범인은 자신의 사형 여부를
판단하는 배심원 앞에서 후회도,
희생자들에 대한 사과도 전혀 하지 않았다.
이 비극적인 사건이 있은 후 희생자들을 기리는 장례예배에

참석한 오바마 대통령은 애도사에 앞서 나지막한 목소리로
노래를 부르기 시작했다.
미국인의 영적인 국가로 불리는 찬송가
'어메이징 그레이스Amazing Grace'였다.

Amazing grace! (how sweet the sound)
놀라운 은혜! (얼마나 감미로운 소리인가)
That saved a wretch like me!
나 같은 비참한 사람을 구해주셨네.
I once was lost, but now I am found,
한때 길을 잃었으나 지금 인도해주시고,
Was blind, but now I see.
한때 장님이었으나 이제 나 보이네.

이 노랫말은 18세기 말 영국의 사제가 지었는데
이후 미국으로 전파되어 더 널리 알려졌다. 19세기 강제 이동
정책으로 '눈물의 길'에 오른 체로키 인디언 부족의 입에서
남북전쟁에 참여한 군인들의 입으로 전해졌다.
그 후에는 차별과 폭력이
누군가를 울릴 때마다 사람과 사람 사이에 울려퍼졌다.

검은 건반의
울림만으로도
부를 수 있지만
흰 건반이 함께 울릴 때
비로소 완성되는
이 노래는 전 세계인의
가슴속에 영적인 떨림을
전하며 차별과 증오 없는
세상을 향한 세계인의
염원을 담아내고 있다.

2015년 미국 사우스캐롤라이나주 찰스턴 흑인 교회에서 벌어진
총기난사 사건의 피해자들을 위한 장례식이 열렸다.
이날 버락 오바마 대통령은 애도사를 하기 전 '어메이징 그레이스'를 불렀다.

인종과 종교를 통합한 오바마 대통령의 노래

오바마 대통령이 찰스턴에서 열린 추모예배의 애도사에 앞서 부른 '어메이징 그레이스'는 그 자리에 참석한 이들뿐 아니라 전 세계인을 하나로 만들었다. 이처럼 노래는 그 어떤 명연설보다 사람의 마음을 울리며, 큰 감동과 공감대를 자아낸다.

이 노래의 작곡가는 알려져 있지 않다. 하지만 노랫말을 쓴 이는 영국인 신부 존 뉴턴이다. 그는 선원학교를 나와 한때 노예무역상으로 일하면서 흑인 차별에 가담했던 자신의 과거를 반성하며 이 노랫말을 썼다. 1755년 성공회 사제가 된 후에는 노예 폐지 운동에 앞장섰고, 이 노래로 '한때 길을 잃었던 자신을 인도해 준' 신의 은총을 찬미했다. 그런데 놀랍게도 이 노래는 영국에서는 주목받지 못했고, 1789년 미국에 소개된 후 널리 퍼져나갔다. 미국 남북전쟁에 참여한 군인들이 고통받을 때마다 군가처럼 이 노래를 불렀다고 한다.

이후 전 세계인이 고통을 나누고 치유하는 자리에서는 빠짐없이 이 노래가 불렸다. 조 바이든 대통령의 취임 행사로 워싱턴DC 링컨기념관에서 열린 '코로나19 희생자 추모식'에서도 이 노래가 흘러나왔다. 이날은 특별히 전문 가수가 아닌 현직 간호사가 코로나로 숨진 이들의 영혼을 위로하기 위해 불러서 더 큰 여운을 남겼다. 이처럼 음악은 백 마디 말보다 강하게 진심을 전하고 감동을 불러일으킨다.

음악의 힘은 세다. 인종과 종교, 국경을 넘나드는 '어메이징한 힘'을 지니고 있다. 아일랜드 록그룹 'U2'의 음악도 그런 의미에서 힘이 세다. 특히 보컬 보노Bono는 음악으로 전 세계에 평화의 메시지를 전파하고 있다. 그는 음악의 위대함을 통해 전쟁과 테러에 대해 평화적인 메시지를 외쳐왔다. 그뿐 아니다. 에이즈에 대한 인식 제고와 제3세계의 부채 경감을 위해서도 앞장서는 등 평화와 자유의 중요성을 일깨우고 있다. 이런 활동으로 노벨평화상 후보에 세 차례나 지명되기도 했다.

U2는 2019년 데뷔 43년 만에 역사적인 첫 내한공연으로 한국 팬들과 만났다. 28,000여 명의 관중들은 열광적으로 환호했다. 특히 이날 공연장 화면에는 한국 여성운동과의 연대를 의미하는 퍼포먼스가 진행되었다. 거대한 화면에 제주 해녀와 화가 나혜석, 이수정 교수와 서지현 검사, 설리가 등장하자 수많은 여성 관객들이 눈물을 흘리며 음악으로 연대감을 나눴다.

음악은 고달프고 상처 입은 우리의 삶을 위로해주는 최고의 치유제이자 '우리'를 생각하게 해주는 위대한 힘을 지니고 있다.

아일랜드 록그룹 'U2'의 보컬 보노. 그는 음악의 위대함을 통해 자유와 평화의 중요성을 설파해왔으며, 노벨평화상 후보에 세 차례나 지명되기도 했다.

그리고 우리를 하나로 묶어준다. 서로 다른 역사와 이념을 갖고 있다 할지라도.

남북의 경계를 넘어선 음악, 세계의 별 BTS

"광석이는 왜 그렇게 일찍 죽었다니? 우리 광석이를 위해서 딱 한 잔만 하자!"

2000년에 개봉해 크게 히트한 영화 '공동경비구역 JSA'에서, 공동경비구역 내 북한 초소에서 김광석의 '이등병의 편지'를 듣던 북한 병사(송강호 분)가 남북한의 군인들에게 한 말이다.

실제로 북한에서는 남한 가요가 암암리에 큰 인기를 끌고 있다. 안재욱의 '친구', 이승철의 '그런 사람 또 없습니다', 김광석의 '이등병의 편지' … 한국에 온 탈북자들을 대상으로 설문 조사한 결과, 이 가요들이 북한에서 가장 인기 있는 곡이라고 한다. 북한에서는 한국 노래를 듣다가 보위부에 발각되면 수용소에 수감되거나 심한 경우 사형 또는 무기징역에 처해지기도 한다. 하지만 북한의 젊은이들은 단속의 무서움보다는 한국 음악을 비롯한 대중문화에 대한 갈망이 커서 위험을 무릅쓰고라도 한국 노래를 듣고 있는 실정이라는 것이다.

사람은 국경을 넘어 자유롭게 오갈 수 없지만 음악은 이처럼 오래전부터 남과 북을 오가며 문화와 정서의 간극을 메워주고 있다. 실제로 남한과 북한의 대중예술 교류도 자주는 아니지만 끊이지 않고 이어져왔다. 2002년 'MBC 평양 특별공연' 이후 16년 만인 2018년에 남한의 평양공연예술단이 북한 삼지연관현악단과의 합동공연을 성공적으로 치러내기도 했다.

사상 초유의 팬데믹 시대에도 음악은 제 힘을 발휘하고 있다. 모든 것이 위축되고 단절된 상황에서도 음악을 비롯한 예술은 성장과 진화를 거듭했으며 특히 K팝을 필두로 한 한류의 성장세는 멈추지 않았다.

한국국제교류재단이 발간한 『2020 지구촌 한류 현황』에 따르면, 2019년 세계 각지(98개국)의 한류 동호회 회원 수가 전년 대비 약 545만 명 늘어난 1억 477만여 명으로 집계됐다. 사상 처음으로 한류 팬이 1억 명을 넘어선 것이다. 아메리카와 유럽 지역이 각각 1,580만 명과 1,880만 명을 기록했으며, 아프리카와 중동에서도 30만 명에서 120만 명으로 한류 팬의 수가 네 배나 늘었다. BTS는 2021년 '빌보드 뮤직 어워즈BBMAs'에서 총 네 개 부문을 수상하며 단독 무대를 꾸미는 위업을 달성했고, 우리말 노래로

빌보드 차트 정상에 오르기도 했다. 아시아를 넘어 세계의 아이콘이 된 것이다.

세계 음반산업을 대표하는 국제음반산업협회(IFPI)가 발표한 '2020년 글로벌 뮤직 보고서'에 따르면, 코로나19에도 불구하고 음악시장의 매출은 216억 달러(약 24조 원)로 6년 연속 성장을 기록했다. 전 세계적인 위기 상황에도 음악에 대한 관심은 끊이지 않았다는 증표다.

정치·사회·경제적으로 양극화와 고립이 심화되었지만, 음악만큼은 세계인을 위로하면서 더 긴밀하게 하나로 연결하고 있다. 음악이 지닌 변함없는 치유의 힘이 '초연결'로 더욱 빛을 발하는 중이다.

참고 자료

'The incredible true story behind Amazing Grace', 《Time》, 2015년 06월 28일 | '코로나 희생자 넋 위로한 흑인 간호사의 어메이징 그레이스', 《조선일보》, 2021년 01월 20일 | '유투 내한공연, 공연예술의 정점을 목격하다', 《IZM》, 2019년 12월 | '북한 젊은이들이 가장 좋아하는 한국 가요는?', 《주간조선》, 2017년 12월 04일 | '한류 팬 1억 명 시대', 《경향신문》, 2021년 01월 15일 | '전 세계 음악시장 매출 1위는 방탄소년단으로 K-POP시장도 45%나 증가했다', 《허프포스트코리아》, 2021년 03월 24일

위험한 놀이터로
놀러 오세요

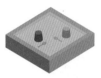

아이들의 예술 버스킹 장소, 놀이터

놀이터에서 좀 놀아본 할아버지,
독일의 놀이터 디자이너 퀸터 벨치히는 놀이터에 대한
기존의 통념을 깨뜨리면서 진정으로 어린이들을 위한
놀이공간을 만들어내고 있다.

그의 철학이 담긴 독일 호헨바르트 놀이터는 아이들의
모험심을 자극하는 자연친화적인 장소로, '놀이기구 없는
놀이터'로 유명하다. 빈 공간과 놀이에 집중한 디자인에
어느 정도의 위험을 허용한 것이다.

벨치히는 독일 기업 지멘스에서 산업 디자이너로 활동하다가
놀이터 디자이너가 되었으며, 40여 년 동안 세계 곳곳에서
실험적인 놀이터를 만들었다.
오스트리아 쉰브룬 궁전 놀이공원의 미로 찾기,
독일 포르츠하임에 만든 놀이기구 없는 놀이터
등이 대표작이다.

2014년 벨치히가 처음으로 한국을 방문했다.
'5,000년의 역사와 문화를 지닌 한국의 놀이터라니!'
그는 자연환경과 어우러져 조화를 이루는 한옥의 멋을
상상하며 기대에 들뜬 마음으로 드디어 한국의 놀이터에
입성했다. 그러나 그가 만난 한국의 놀이터는 플라스틱으로
만든 오두막집에 불과했다.

시소seesaw, 미끄럼틀slide, 그네swing, 모래sand.
어딜 가나 똑같은 한국의 '4S 놀이터'. 이는 뉴욕의
도시건설가 로버트 모지스가 1930~1960년에 보급한
표준화된 놀이터 디자인이다.
우리나라 놀이터는 그 틀에 갇혀 있다.

오늘날의 놀이터는 소재만 달라졌을 뿐 60년 전 보급된
이 디자인에서 크게 달라지지 않았다.

뙤약볕에 쉽게 뜨거워지는 플라스틱 재질의 놀이기구,
한여름에는 오랜 시간 놀 수 없는 부족한 그늘,
동행한 부모에게 모든 행동이 노출될 수밖에 없는
열린 구조… 우리나라 아파트 안에 있는
놀이터의 보편적인 모습이다.

놀이터 둘레 벤치에 삼삼오오 모여 앉아서
아이들이 노는 모습을 지켜보고 있는 부모들은 행여나
아이들이 다칠까 봐 잠시도 시선을 떼지 않는다.
이것이 현재 우리나라 놀이터에서 볼 수 있는
가장 전형적이고 보편적인 풍경이며,
놀이터라는 공간이 가지고 있는 한계이기도 하다.

놀이터는 아이들이 노는 공간이다. 그곳에서 예술가들이
버스킹을 하듯 날마다 새로운 놀이예술을 펼쳐 보일 수
있어야 한다. 놀이터는 또한 (인식할 수 있고, 제어할 수 있고,
조종할 수 있는) 위험을 극복하는 법을 배우는 곳이기도 하다.

"어린이가 있는 곳은 어디나 놀이터다.

어린이는 언제, 어디서든, 모든 것을 가지고 논다."

권터 벨치히의 말처럼, 아이들은 모두 어디서든

예술 활동이 가능한 무한한 가능성을 지닌 아티스트다.

순천왕지초등학교에 만들어진 '기적의 학교놀이터' 전경. 아이들이 마음껏 놀 수 있는
놀이공간을 조성하기 위해 디자인 설계 과정에서 학생, 학부모, 교직원 등
교육공동체의 의견을 수렴해 전문가와 협력해 완성됐다. ©건축사사무소 遊於藝(유어예)

아이들에게 놀이는 가장 창의적인 아트 퍼포먼스

세계적인 놀이터 전문가 귄터 벨치히Günter Beltzig는 한국의 놀이터를 어떻게 평가했을까? 그는 "감옥 같다"고 말했다. 아이들이 자연스럽게 함께 어울리며 스스로 놀이를 만들어낼 수 있는 자유로운 공간이 아닌, 수동적으로 기구를 체험하는 닫힌 공간에 불과하다고 판단한 것이리라. 이런 공간에서는 아이들이 놀이의 진정한 의미를 몸소 느끼고 창의적인 에너지를 발산하기 어렵다.

'노는 것'이 본성인 아이들에게 놀이는 삶을 배우는 가장 실제적인 방식이자 일종의 아트 퍼포먼스다. 아이들은 바닷가 모래사장에서 삽 하나로도 몇 시간씩 놀 수 있는 탁월한 창의력을 가진 크리에이터다. 그러므로 놀이터는 '편리한 공간'이 아닌 아이들만의 창작 놀이가 가능하고, 무엇보다 자기결정권을 충분히 발휘할 수 있는 독립적인 공간이어야 한다. 그래야 그곳에서 마음껏 창의력을 발휘하고 날마다 자신들만의 놀이예술 버스킹을 열고 즐길 수 있다.

"말하기도 싫고 생각하는 건 귀찮대요."

사춘기로 접어든 아이를 둔 부모들이 공통적으로 하는 하소연이다. 유년기부터 제대로 놀지 못한 채 감당하기 힘든 학습 부담에 짓눌리다 보니 맞게 된 당연한 결과인지도 모른다. 이런 아이들에게 창의적 역량을 기대하기란 무리다. 놀이도 학습으로 여기고 체험했던 아이들이 진짜 놀이가 무엇인지 알고 있을까?

놀이에서 가장 중요한 것은 '자발성'이다. 친구들과 놀면서 계획도 세우고 전략도 짜고, 그 과정에서 생기는 문제를 스스로 혹은 함께 해결해나가며 소통하는 법도 배운다. 하지만 유년기에 놀이를 충분히 경험하지 못한 채 청소년기를 맞게 된 아이들은 삶을 즐기며 세상을 만끽해본 경험이 없다. 예담심리상담센터 안미경 소장은 "정작 삶을 향해 전력투구해야 할 때 그들이 마주하는 건 무력감"이라고 말한다.

사람은 누구나 재미있는 경험을 통해 자신의 삶을 신나고 즐겁게 스스로 꾸려나가는 힘을 얻는다. 특히 예술적 능력은 자발성과 창의성에서 발현된다. 아이들도 마찬가지다. 내면에 잠재된 크리에이터 본성을 키워나가려면 언제 어디서든 놀이판을 벌일 수 있어야 한다. '잘 놀 줄 아는' 능력이야말로 최고의 경쟁력인지도 모른다.

이날치밴드의 범이 내려와 일으킨 돌풍

"범 내려온다 / 범이 내려온다 / 장림 깊은 골로 / 대한 짐승이 내려온다."

이 노랫말은 흥얼거리는 것만으로도 절로 어깨춤을 추게 만드는 마성을 지니고 있다. 이 곡을 부른 아티스트는 BBC라디오가 '희한하게 익숙하고 아름답게 낯설다'라고 평한 이날치밴드다. 이들은 판소리에 팝을 접목해 현대적으로 해석한 얼터너티브 팝 밴드로, 베이스와 드럼 그리고 소리꾼이라는 독특한 구성과 편곡 방식으로 전 세계를 사로잡았다.

'범 내려온다'라는 노래는 '21세기 도깨비'라고 불리는 앰비규어스 댄스컴퍼니의 현란한 몸짓이 더해져 한국관광공사의 홍보 영상으로도 만들어졌다. 한국의 매력을 알리기 위해 6대 도시를 무대로 만든 '필더리듬오브코리아Feel the Rhythm of Korea'는 공개 한 달 만에 유튜브에서만 3억 뷰, 다른 SNS를 포함하면 7억 뷰, 각국 네티즌들이 따라 한 커버댄스를 포함하면 30억 뷰를 넘는 등 돌풍을 일으켰다. 무엇보다 국악을 '조선의 팝'으로 세계에 알리는 데 중요한 역할을 했다.

이날치밴드의 열풍은 국악을 재해석한 그들만의 독특한 음악 세계와 창의적 에너지가 근간으로 작용했다. 하지만 대중들의 폭발적인 관심을 불러일으킨 계기로 디지털엔터테인먼트의 힘을 배제할 수 없다. 새로운 플랫폼을 활용할 수 있는 크리에이터라는 특성이 연령과 시공을 초월해 세계인을 사로잡는 데 큰 역할을 했다. 예술 크리에이터들도 다양한 디지털 플랫폼을 만나 응축된 에너지를 맘껏 발산함으로써 상상할 수 없었던 영향력을 갖는 시대다.

제주도 구좌읍 종달리 부둣가에 오랫동안 방치됐던 폐어판장, 지금 이곳은 제주의 명물 공연 '해녀의 부엌'이 열리는 핫플레이스로 변신했다. 모녀 해녀의 이야기가 공연되는 날, 관객들은 숨을 죽이고 관람한다.

"엄마가 너 물질 나갈 때 늘 했던 말 기억하느냐?"

"물속에 드러가믈 숨 이실 때 나오랜 한 말을 기억허우다(물속에 들어가면 숨 있을 때 나와야 한다고 한 말을 기억해요)."

어머니의 물음에 90세 해녀 권영희 씨가 제주 사투리로 답한다. 20대에 남편을 잃고 5남매를 키워야 했던 해녀와 그 어머니를 따라 열 살 때부터 해녀의 삶을 살아온 권 씨의 이야기다. 제주 최고령 해녀 권 씨가 마치 실제 어머니를 만난 듯 이야기를 주고받자 관객들의 눈시울이 이내 붉어진다.

©해녀의부엌

'해녀의 부엌'은 한국예술종합학교 연극원 출신 김하원 대표가 창업한 극장형 식당이다. 해녀 집안에서 태어난 김 대표는 해녀들이 힘들게 잡은 해산물이 제값을 받지 못한다는 이야기를 듣고 연극원 출신 동료들과 뜻을 모아 제주 해녀를 소재로 한 연극을 만들었다. 그리고 제주산 음식을 제공하는 신개념 로컬문화콘텐츠 사업을 시작했다. 지난해에는 중소벤처기업부가 실시하는 '2020 로컬크리에이터 페스타'에서 거점 브랜드 분야 최우수 팀으로 선정되기도 했다.

해녀의 삶을 주제로 한 공연과 식당이 성공할 거라고는 아무도 예상하지 못했다. 하지만 이제는 해외 진출도 준비 중이다. 바야흐로 로컬크리에이터들도 세계로 뻗어나갈 수 있는 시대다. 내 인생의 공간이 무대가 되고, 나만의 스토리가 디지털 플랫폼을 타고 세상의 모든 사람과 만날 수 있게 되었다. 언제 어디서나 예술이 가능한 시대, 재능 있는 크리에이터의 꿈은 현실이 된다.

참고 자료

귄터 벨치히, 『놀이터 생각』, 엄양선 외 옮김, 소나무, 2015 | '놀이터프로젝트 3부작', EBS 〈다큐프라임〉, 2013년 12월 | '독일 동네 놀이터, 자연스러운 공간에서 놀이를 즐기다', 《fromA》, 2018년 3월 7일 | 김민지, 『창의 폭발 미술놀이터』, 비타북스, 2017 | '안미경 소장의 이런 심리, 놀아본 아이가 전력투구할 수 있다', 「브릿지경제」, 2016년 07월 22일 | '미국 농부 김선우의 세상 엿보기, 놀이터를 위험하게 만들어야 하는 이유', 《인터비즈》, 2018년 03월 29일 | '뿔소라 먹으며 눈물 흘리며… 2080 해녀와 딸들이 만든 제주도의 특별한 부엌', 《중앙일보》, 2020년 12월 16일 | '로컬 크리에이터 AR탐사 ④, 고향을 사랑한 한 아티스트의 꿈이 일궈낸 '해녀의 부엌'', 《THE FACT》, 2020년 11월 13일

벽으로
드나드는
건축

자연 속 벽, 건축의 새로운 길이 되다

건축에 있어 '벽壁'이란 무엇일까?

눈과 비를 막아주고 거센 바람에도 쉽게 무너지지 않으며

실내와 실외를 구분 짓는 일종의 수직 건조물이다.

그런데 세상에는 우리가 알던 그 벽이 아닌

새로운 의미와 예술적 가치를 지닌 벽들이 존재한다.

인도 촌디의 '코퍼 하우스 II'는 숲속의 작은 집을 둘러싼

독특한 벽으로 유명하다. 집 주변에서 자라는 망고나무로

세밀하게 짜인 이 스크린은 자연으로부터 집을 보호하는

본연의 기능을 다하되 자연을 실내에 받아들이기

위한 새로운 벽의 형태다. 우리가 알고 있는 벽에 관한
고정관념에서 벗어난 시도다. 실내와 실외 사이의 거의
투명에 가까운 막이라 할 수 있는 이 벽에 대해 건축가
비조이 자인Bijoy Jain은 이렇게 말한다.
"공기와 빛 그리고 분위기가 스크린과 같은 벽을 통과한다."

멕시코 몬테레이에도 독특한 외관의 거울 벽이 있다.
레지던스 '로스 테레노스Los Terrenos'의 벽이다. 거울로 만든 이
벽은 집을 둘러싼 숲속의 풍경을
고스란히 반영하는 독특한
외관을 지니고 있다. 거울 벽에는 흔들리는 나뭇잎과
시시각각 바뀌는 구름의 모양 등이 비친다.

집 주변의 아름다운 경관을 가급적 해치지 않으면서
집 밖과 안의 사람이 같은 풍경을 바라보게 하는 벽이다.
거의 모든 면이 거울로 되어 있어 자연의 아주 작은
변화도 놓치지 않고 비춰내는 마법의 창이라 할 수 있다.

건축가 타티아나 빌바오Tatiana Bilbao는 자연과
주거 공간을 유기적으로 연결시키는 데 주안점을 두고

이 집을 설계했다. 또한 멕시코 내에서 수급 가능한
자재만으로 집을 지었다.

"도시에서 이 숲까지 걸어서 8분 거리다. 하지만 이 숲에
있다 보면 아무도 없는 낯선 공간에 있는 기분이 든다."
빌바오의 말처럼 사람들은 이 집의 벽을 밀면서부터
비밀의 세계로 들어가는 신비한 경험을 하게 된다.
이처럼 벽은 건축가에게는 무한한 상상력을
펼칠 대상이며 공간 속에 있는 사람에게는
놀라운 예술적 체험을 가능케
하는 매력적인 요소가 된다.

벽의 변신, 새로운 세계로 연결되는 창이자 통로가 되다

"너무 오래돼서 벽이라고 생각하지만 사실 이것도 문이다."

영화 〈설국열차〉에서 남궁민수(송강호 분)가 기차 옆문을 가리키며 하는 말이다. 한번도 열어보지 않아서 벽이라고 생각하지만 사실은 문이라는 것이다.

우리에게 벽은 넘어서기 힘든 장애물과도 같아서, 그 앞에 서면 소외되거나 주저앉기 일쑤다. 하지만 벽은 문이 될 수도 있다. 이는 건축과 예술 속에서 벽이 지닌 의미와도 일맥상통한다. 벽을 어떻게 활용하느냐에 따라 때로는 열린 세상을 상징하는 창이나 문이 될 수도 있기 때문이다.

도시의 빌딩숲과 회색빛 아파트 속에서 벽은 바깥세상과 나를 분리하거나 단절시키는 역할을 한다. 하지만 벽이 나를 치열한 세상, 혹은 타인과 분리해주기만 하는 것은 아니다. 벽을 사이에 두고 현대인들은 안전함과 편안함을 느끼곤 한다. 때로는 지친 몸과 마음을 기댈 수 있는 치유의 공간이자 예술적 대상 또는 새로운 세계로 나아가는 창이 되기도 한다. 그리고 기존에 있던 벽을 허물어서 완전히 새로운 공간을 창조할 수도 있다.

이처럼 건축에 있어서 벽은 다양한 쓰임새만큼이나 창의적이고 실험적인 요소로 작용한다. 특히 건축가들은 자연 속 경관을 품은 집을 짓기 위해 벽을 없애는 실험을 감행해왔다. 높은 담벼락 대신 자연과 함께하는 집, 자연을 안으로 끌어들인 집에서는 집 안에서도 자연 속에 있는 자신을 느낄 수 있다.

우리나라에도 벽을 허물어 모든 공간이 하나가 되고 자연과의 경계를 없앤 획기적인 주택과 미술관들이 생겨나고 있다. 부산 광안리 바다를 내려다볼 수 있는 갤러리 같은 집 '정, 은설'과 강원도 양구의 파로호를 품은 실험적인 집 '서래재'가 바로 그 예다. 이 두 집의 공통점은 벽과 문이 없다는 점이다. 집 안과 밖 사이 벽을 없앰으로써 생긴 공간적 특성으로 인해 이 집 안에서는 특별한 일상을 경험할 수 있다.

'정, 은설'은 1층부터 4층까지 어디에도 벽과 문 없이 전부 트여 있으며 모든 공간이 빛을 들이는 구조다. '서래재'는 좌우로 넓게 펼쳐진 2층짜리 본채와 단층인 별채가 서로 떨어진 듯 이어져 있다. 이 집은 벽 없이 안과 밖, 2층과 1층이 끊김 없이 하나의 동선으로 연결되어 경계가 없다.

'정, 은설'과 '서래재', 이 두 집의 특별함은 벽에 대한 고정관념을 깨는 데서 출발한다. 벽을 없애고 자연의 요소들을 한껏 끌어들인 집은 기존의 주택에서 경험할 수 없는 특별한 일상을 선사한다.

21세기 건축의 새로운 시도 중 한 가지는 분명 안과 밖을 단절시키는 기존의 벽을 넘어서는 '벽'을 활용한 건축이다. 스스로 문을 열 수 없는 자연이 벽으로 드나드는 방법을 고민하거나, 벽의 고정관념을 깨고 과감하게 허물어서 소통과 공존을 이끌어내는 방식 등의 다양한 실험은 앞으로도 계속 이어질 것으로 보인다.

자연이 만든 가장 아름다운 작품을 전시하는 루이지애나미술관

덴마크 홈레벡의 바닷가 마을 절벽, 그곳에는 '지상에서 가장 아름다운 미술관'으로 불리는 루이지애나미술관Louisiana Museum of Modern Art이 있다. 외벽 대신 거대한 유리창을 만들어 작품을 걸 수 있는 벽을 줄이고, 그 자리에 자연이 만든 가장 아름다운 작품을 전시했다.

루이지애나미술관의 창립자이자 아트 컬렉터였던 크누드 엔센Knud W. Jensen은 애완견과 함께 인근을 산책하다가 우연히 이 땅을 발견했다. 당시에는 노인들을 위한 케어센터였던 이곳에 자신의 소장품을 대중에게 공개할 수 있는 미술관 건축을 계획하

고는, 젊은 건축가 요르겐 보Jorgen Bo와 빌헬름 볼레르트Vilhelm Wohlert에게 미술관 건축을 의뢰하였다. 크누드 옌센은 건축가들에게 '미술관뿐 아니라 예술 작품들도 구름, 바다, 잔디와 자연스럽게 어우러져 아름다운 풍경의 일부가 되어야 한다'는 자신의 철학을 강조했다.

그 결과 루이지애나미술관은 고정관념을 완전히 뒤집는 역발상의 공간이 되었다. 미술품은 실내와 실외 곳곳에 설치되었다. 그리고 건축물 자체가 살아 있는 자연의 일부분으로 고유한 아름다움을 보여준다. 덕분에 관람객들은 미술품뿐 아니라 넓은 창을 통해 보이는 야외 조각공원과 바다의 풍광에 압도되는 경험을 할 수 있다.

최근에는 미술관 자체가 작품이 되거나 특정 지역 전체가 미술관이 되는 새로운 시도가 이어지고 있다. 일본의 섬 나오시마가 예술의 성지가 된 것이 가장 대표적인 사례다. 베네세그룹의 창업자 후쿠타케 데쓰히코福武哲彦는 산업폐기물이 가득한 버려진 섬 나오시마를 아름다운 섬으로 되살리고자 했다. 이후 아들인 후쿠타케 소이치로 대표가 건축가 안도 다다오安藤忠雄를 영입해 예술 활동을 지원하면서 나오시마는 점차 예술 작품들로 채워졌다.

나오시마의 아트 열풍에 힘입어 인근의 섬 데시마에도 아트

프로젝트가 이어졌다. 이 섬의 데시마미술관Teshima Art Museum에는 놀랍게도 단 하나의 작품도 전시되어 있지 않다. 건축계의 노벨상이라 불리는 프리츠커상을 수상한 건축가 니시자와 류에西沢立衛가 설계한 이 미술관 자체가 작품이기 때문이다. 산기슭에 물방울을 형상화한 커다란 순백색 원형구가 묻혀 있는 형상으로, 이 미술관의 작품은 바닥에 굴러다니는 작은 물방울들이다. 어디론가 흘러다니는 물방울이 공간과 어우러져 또 하나의 작품을 만들어낸다.

오늘날 현대미술관은 작품 못지않게 창의적으로 변신하고 있다. 어두운 통로를 따라 걷다가 벽면에 걸린 그림을 눈으로만 감상하는 고전적인 미술관과는 전혀 다른 차원의 경험을 제공한다. 주변의 자연경관을 고스란히 품으면서 아름다운 오브제 자체로 존재하거나, 관객에게 예술 작품과 물아일체가 되는 경험을 제공하는 등 미술관 건축의 변신은 멈추지 않는다.

참고 자료

킨포크·놈 아키텍츠, 『더 터치: 머물고 싶은 디자인』, 박여진 옮김, 윌북, 2020 | '집, 벽을 없애다', EBS 〈건축탐구 집〉, 2020년 11월 24일 | '루이지애나미술관에는 미술관이 없다', 《매일신문》, 2018년 06월 18일 | 마크 어빙·피터 세인트 존, 『죽기 전에 꼭 봐야 할 세계 건축 1001』, 박누리 외 옮김, 마로니에북스, 2009 | '편완식의 미술살롱, 미술관 틀을 깨다', 《세계일보》, 2015년 08월 21일 | '미술관, 지역을 잇다 1, 일본 나오시마 섬과 지중미술관', 《오마이뉴스》, 2019년 05월 15일

산기슭에 물방울을
형상화한 커다란
순백색 원형구가
묻혀 있는 형상으로,
데시마 미술관의 작품은
바닥에 굴러다니는
작은 물방울들이다.

Audience

예술은 '모두'에게
열려 있다

AUDIENCE

09

동물을 생각하는
예술

ON AIR 1부 20201029 | 2부 20201029

우리 그림 같이 봐요, '멍멍'

'우리는 가족이니까 기다려줄 수 있어요. 엄마가 일하는
동안, 쇼핑하는 동안, 밥 먹는 동안 기다려줘야 해요.
어? 저도 같이 가도 된다고요? 안 돼, 기다려, 그런 말
안 해요?'
서울의 한 미술관에서 벌어진 흥미로운 시도.
'미술관에 강아지 관람객을 초대합니다.'

강아지 관람객의 입장을 위해 전시관 입구를 개조하고,
빨강과 초록을 보지 못하는 강아지를 위해 노랑과
파랑으로만 구성된 미술 작품을 전시하고, 전시관 곳곳에

강아지의 후각과 청각을 자극하는 나무톱밥을 배치하고,
야외 공간에는
강아지가 직접 드나들 수 있는 설치미술 작품을 전시한
'모두를 위한 미술관, 개를 위한 미술관'.

'킁, 킁, 여기서 좋은 냄새가 나요!'
'뼈다귀를 숨겨놓으면 딱 좋을 것 같아요.'
'걸을 때마다 바스락바스락 소리가 나요!'
'저기까지 뛰어갔다 와도 돼요?'
'조금 짖어도 돼요?'
'그런데… 여기는 뭐 하는 곳이에요?'

'공공장소'인 미술관이 '공공'의 문턱을 낮추고 모두에게
열린 장소로 거듭나기 위해 새로운 시도를 하고 있다.

"어떤 예술가가 친구를 그리거나 사진을 찍어서 전시하면
보통 미술관에 그 친구를 초대합니다. 하지만 개를 그리거나
사진을 찍을 경우 개를 초대하진 않습니다. 동물들이 미술의
소재와 주제가 되는 것을 넘어서 하나의 실체로
받아들여지는 전시를 생각했어요."

'우리는 가족이니까 강아지를 기다려줄 수 있어요.'

미술관의 문 밖과 액자 속이 아닌
관객으로 자리한 강아지들이 남긴 관람평

"멍!"

2016년 여름, 디자이너이자 아티스트인 도미닉 윌콕스가 런던에서 개최한
세계 최초의 '반려견을 위한 미술 전시회'.

미술관에 강아지 관람객을 초대합니다

런던의 한 갤러리. 벽에는 바닥 가까이 전시된 노랑과 파랑으로만 그려진 그림들이, 전시관 한편에는 열심히 돌아가는 거대한 선풍기와 그 앞에 생고기, 생선, 더러운 신발이 보인다. 시선을 돌리자 눈에 들어오는 그림들을 바라보는 진지한 눈동자, 선풍기 바람에 반응하는 동그랗고 까만 코와 벌어진 입 사이로 늘어진 혓바닥, 바람결에 날리는 하얗거나 노란 혹은 까만 털들. 누굴까? 갤러리에서 마주치리라 생각해본 적 없는 낯선 존재, 바로 강아지들이다.

2016년 여름, 디자이너이자 아티스트 도미닉 윌콕스Dominic Wilcox가 런던에서 개최한 세계 최초의 '반려견을 위한 미술 전시회'. 강아지들은 이곳에서 마치 사료를 형상화한 듯한 갈색 장난감 공 2,000개 이상이 담긴 대형 밥그릇을 들락날락하면서 미친 듯이 꼬리를 흔들며 뛰어다녔다. 그뿐인가? 좋아하는 향이 실린 선풍기 바람을 온몸으로 맞으려 자동차 위에 올라갔다. 그리고 네 개의 강아지 밥그릇에서 분수처럼 솟아오르는 물줄기를 쫓아다니며 목을 축였다.

윌콕스는 "반려견만을 위한 예술 공간이 없다는 점에 주목해 이 전시회를 준비했다. 현대미술은 오랫동안 인간에게 영감을 주는 원천으로 자리 잡았지만, 동물에겐 그러한 역할을 한 적이 없다"고 말했다. 반려견이 온 마음과 몸으로 즐길 수 있었던 이 전시회 덕분에 반려견과 보호자는 잠시나마 더 행복한 삶을 누릴 수 있지 않았을까?

사실 이런 전시회는 우리 가까이에도 있었다. 강남미술관에서 열린 '도그 IN 강남'이나 북서울꿈의숲아트센터에서 열린 반려동물과 함께 보는 미술 이야기 '반짝(반려동물 짝꿍)', 서울숲에서 열린 '멜리언즈 반려생활전', 그리고 2020년 가을 국립현대미술관에서 열린 '모두를 위한 미술관, 개를 위한 미술관' 등.

'가족'이라고 부르지만 여전히 공공장소에 입장하기 어려운 반려견의 현실에서 시작된 '모두를 위한 미술관, 개를 위한 미술관'은 지극히 인간적인 공간이자 대표적 공공장소인 미술관에 개들을 초대했다. 그럼으로써 철저히 인간 위주로 구축된 미술관이 과연 비인간을 관객으로 받아들이려면 무엇이 필요한지를 고민했다. 또한 우리 사회에서 반려동물이 공적 장소에서도 가족이자 사회 구성원으로 인정될 수 있는지를 질문했다.

이 전시회가 열리는 공간에는 반려견들이 뛰어놀고 즐길 수 있는 전시물이 가득했다. 강아지와 함께 온 관람객들이 첫발을 내딛는 지하 중정의 잔디밭에는 강아지들이 신나게 놀 수 있는 다양한 설치 작품을 두었는데, 특히 짚더미로 만들어진 미로에는 실제로 많은 강아지들이 오랜 시간 머물렀다.

아크릴화 '푸르고 노란'과 비디오 애니메이션 '다가서면 보이는', 설치 작품 '가까운 미래, 남의 거실 이용방법' 등은 강아지들이 감상할 수 있도록 파랑과 노랑을 주로 써서 제작되었다. 또 바닥에 나무껍질을 깔고 푸른 잎의 식물들을 곳곳에 배치한 '모두를 위한 숲'은 개가 시각보다는 후각에 예민하다는 점을 고려해 숲의 냄새와 물기 등을 느끼도록 했다.

평소에는 그냥 드나들던 미술관이지만 이 전시회에 입장하기 위해서는 조금 다른 절차가 필요했다. 우선 입장 전에 '반려견에게 인식표를 착용시켰습니까?', '광견병 예방접종을 하셨습니까?', '목줄을 2미터 이내로 고정하셨습니까?' 등 10여 가지 질문이 담긴 서류를 작성해야 했던 것이다.

이전에는 경험하지 못한 생소한 과정을 통해 많은 이들이 여러 가지 생각을 하고 감정을 느끼지 않았을까 싶다. 인간이 아닌 다른 존재를 미술관에 받아들이기 위해서는 콘텐츠뿐 아니라 시설이나 규정 등 많은 사항을 고려하고 수정해야 한다는 것 말이다.

아티스트 강아지 보현의 '콜라비 콘체르토'

빗물 튀는 소리? 달걀 프라이하는 소리? 종이 구기는 소리?

도통 정체를 알 수 없지만 묘한 하모니를 만들어내는 신비한 소리.

"이게 음악이야?"

서정적인 포크 선율을 추구하는 23년차 가수 루시드폴과 그의 반려견 보현이 대등한 위치에서 공동 작업한 '콜라비 콘체르토'를 처음 들은 사람들의 반응은 대개 이렇다. 대중가요 역사상 최초로 강아지가 작곡하고 연주한 곡이니 어쩌면 당연한 반응 아닐까?

제주살이 중인 루시드폴은 몇 해 전 손가락 부상으로 오랜 시간 기타를 잡지 못했다. 두렵고 막막한 마음으로 음악이 뭔지, 노래는 또 뭔지 고민하던 그의 귀를 사로잡은 소리는 바로 보현이 신선한 야채를 씹는 상쾌한 소리였다.

'그래, 듣기 좋은 소리가 음악이지 뭐!'

그는 강아지가 들려주는 다양한 소리에 주목했다. 콜라비를 '아삭아삭' 씹고, 밥그릇을 '딸각'대고, 문을 '콩콩' 두드리고, 숲

길을 '사각사각' 걷는 보현의 소리들. 그 소리들을 모아 템포와 음의 높낮이를 변주해 완성한 노래가 바로 '콜라비 콘체르토'다. 그는 "보현의 소리 DNA를 가지고 음악을 만들면 그 안에서 보현이 영원히 있을 수 있겠다고 생각했다"고 말했다.

이렇게 그의 반려견 보현은 음악가로 데뷔했다. 인간이 귀여워하며 쓰담쓰담하는 반려견이 아니고, 대등한 음악 파트너로서 그와 함께 음악을 만들었다. 물론 저작권자로도 등록됐다. 보현은 이제 저작권료로 껌도 사고 친구들(유기견들)에게 도움도 줄 예정이다.

음악 만드는 강아지 보현. 그와 협업할 수 있는 다른 동물은 없을까? 당연히 있다. 보현의 앨범 재킷 그림을 그려줄 판다나 코끼리는 어떨까?

오스트리아 빈동물원의 암컷 판다 '양양'은 대나무 붓으로 흑백 추상화를 그리는 모습으로 관람객들의 탄성을 자아내고 있다. 간식으로 받은 대나무를 먹지 않고 무언가를 끄적거리는 모습을 보고 사육사가 대나무 붓을 만들어준 것이 화가가 된 계기다. 양양은 자신이 원할 때만 그림을 그린다. 오른손으로는 당근과 감자를 받아 먹으면서 왼손으로는 대나무 붓을 꼭 쥔 채 흰 캔버스에 추상화 작품을 빚어낸다. 그의 작품 100여 점은 경매를 통해 점당 490유로(약 66만 원)에 판매되기도 했다.

이미 세계적으로 유명한 태국의 화가 코끼리 '홍'은 붓을 들고 가느다란 선으로 자화상을 그린다. 런던에서 활동하는 화가 하비는 홍의 실력에 반해 공동 작업을 하기도 했는데, 둘이 함께 완성한 대형 추상화는 런던 아트갤러리에 전시되기도 했다.

예술은 더 이상 인간의 전유물이 아니다. 반려견들이 예술을 즐기는 관람객이 되기도 하고, 음악가나 화가로서 인간과 함께 예술 활동을 하는 동물들도 있다. 과연 우리는 반려동물들과 얼마나 많은 예술을 함께 즐길 수 있을까? 또 예술하는 동물들은 어떤 놀라운 예술 작품을 우리에게 보여줄 수 있을까?

참고 자료

'멍멍, 우리도 그림 좀 볼 줄 안다고요', 《한국일보》, 2016년 08월 28일 | '모두를 위한 미술관, 개를 위한 미술관', 국립현대미술관 홈페이지 | '공식 완전 깬 루시드폴, 반려견과 컬래버레이션', 《오마이뉴스》, 2019년 12월 16일 | '붓으로 쓱쓱…그림 그리는 동물들', MBC《이브닝뉴스-글로벌 인사이드》, 2017년 11월 10일

듣는다는 것

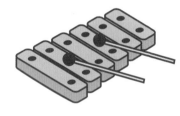

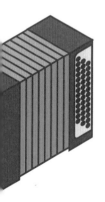

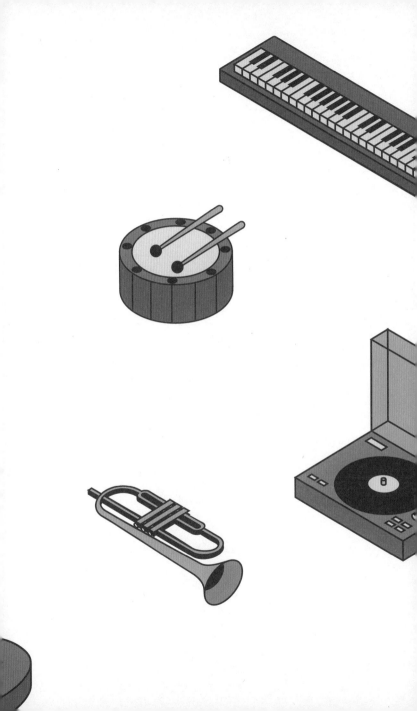

귀로 듣지 않고 몸으로 느낀다

"귀로 소리를 듣는 건 한순간이에요. 그 후에는 사라지는
것이죠. 하지만 저는 더 많은 것을 몸으로 직접 느끼고
받아들여요. 그러니 더 많이 들을 수 있는 거죠."

음악으로 모두의 가슴을 떨리게 하는 청각장애인 타악기
연주자 에벌린 글레니. 그녀는 바닥에 닿은 발, 허공에 뻗은
손가락, 바람이 닿는 두 뺨으로 소리를, 음악을 듣는다.
'음악은 귀로 듣는다'는 통념을 깨뜨린 그녀.
온몸으로 음악을 듣는 그녀에게는
전 세계를 돌아다니며 수집하고 때로는

직접 제작한 2,000여 개의 타악기를 연주하는 것은 물론이고,
싱크대에 가득 채운 물 위로 냄비 뚜껑이 부딪히거나
두 손으로 전자레인지를 두드리는 등
사소한 움직임이 만드는 작은 진동도 음악이 된다.

"제 목표는 세상 사람들에게 음악 듣는 법을 알리는
것입니다. 듣는다는 건 주의를 기울이는 것이고, 내가 이 순간
관심을 갖고 있는 대상이 오직 하나뿐이라는 것을 의미하죠."

그녀가 진정 세상에 들려주고 싶은 것은 주의를 기울여야만
들리는 소중한 진동이다. 멸종 위기에 처한 코끼리의 느린
걸음, 작은 새들의 파닥거림, 서로 다른 것들의 부딪침과
살아 있는 모든 것의 작은 움직임이 만들어내는 음악이다.

"제 목표는
세상 사람들에게
음악 듣는 법을
알리는 것입니다.
듣는다는 건 주의를
기울이는 것이고,
내가 이 순간 관심을
갖고 있는 대상이
오직 하나뿐이라는
것을 의미하죠."

에벌린 글레니가 맨발로 연주하는 이유

"연주가 끝나면 박수 소리가 온몸을 타고 반짝입니다."

'맨발의 연주자'라 불리는 에벌린 글레니Evelyn Glennie의 말이다. 수많은 오케스트라 단원들이 정렬한 가운데 은발의 에벌린은 30여 개의 악기를 두드리고 긁고 흔들며 무대를 종횡무진한다. 그녀를 지켜보던 사람들의 눈길이 멈춘 곳은 바로 맨발. 정확한 진동을 느끼기 위해 신발을 벗어던진 그녀는 모두가 다 아는 놀라운 비밀을 간직한 연주자다.

"저는 청각장애인 음악인이 아닙니다. 다만 청각에 조금 문제가 있는 음악가일 뿐이죠. 귀가 안 들리는 건 중요하지 않아요. 단지 듣는 방식이 바뀔 뿐이니까요. 저는 남들보다 공기 속에 남아 있는 울림의 여운을 더 오랫동안, 더 많이 들을 수 있는 장점을 갖고 있어요. 음악을 하는 데 최적화된 능력이죠. 전 정말 행운아예요."

스코틀랜드의 작은 농촌에서 태어난 에벌린은 여덟 살 때 원인을 알 수 없는 귀 신경마비 증세가 나타나 서서히 청각을 잃어가다 열두 살 무렵에는 완전히 들을 수 없게 되었다. 어린 시절부터 음악가의 꿈을 키웠던 그녀. 청각을 잃었다고 해서 음악마저 포기할 수는 없어서 고민 끝에 타악기를 선택했다.

에벌린은 곧 귀 대신 몸으로 소리를 느끼는 독특하고 혹독한 훈련을 받았다. 맨발을 바닥에 대거나 손을 북이나 벽에 대고 타악기를 칠 때 전해지는 그 미세한 진동으로 리듬과 소리의 강약을 가늠했다. 그리고 악기의 표면이 떨리는 모양으로 소리를 이해했다. 왕립음악학교에 입학한 후에도 매일 아침부터 밤까지, 밥을 먹을 때나 화장실에 있을 때도 소리와 리듬만 생각할 정도로 그녀의 삶은 온통 음악뿐이었다.

결국 그녀는 미세한 대기 변화만으로도 음의 높낮이와 강약을 읽어낼 수 있게 되었고 보스턴 심포니, 뉴욕 필하모닉과 협연할 정도의 최고 타악기 연주자로 인정받았다. 그래미상도 받았다.

프리다 칼로Frida Kahlo 역시 육체의 고통을 예술로 승화시킨 인물이다. 멕시코 최고의 교육기관에서 의사를 꿈꾸던 열여덟 살 소녀를 덮친 것은 전차였다. 그녀는 온몸이 부서졌다. 버스 난간 쇠봉이 허리와 자궁을 관통하면서 골반뼈는 세 동강 났고, 갈비뼈와 쇄골, 척추는 물론 왼쪽 다리는 열한 곳이나 골절되었다. 서른다섯 번의 수술을 받으며 죽음을 떠올릴 수밖에 없었던 고통과 절망의 순간, 그녀는 '그림'을 떠올렸고 침대에 누워 붓을 잡았다.

Self-Portrait with Cropped Hair, Frida Kahlo, 1940, Oil on canvas

프리다 칼로를
화가의 길로 이끈
것은 그녀에게 닥친
불행과 고통이었다.
그리고 그녀는
자신의 고통스러운
삶을 그대로 드러내
보여주는 강렬하고
기괴한 자화상들로
그 고통을 극복하고
최고의 화가로
우뚝 설 수 있었다.

"나는 살고 싶다. 벌써 그림을 그리기 시작했다."

아이러니하게도 프리다 칼로를 화가의 길로 이끈 것은 그녀에게 닥친 불행과 고통이었다. 그리고 그녀는 자신의 고통스러운 삶을 그대로 드러내 보여주는 강렬하고 기괴한 자화상들로 그 고통을 극복하고 최고의 화가로 우뚝 설 수 있었다.

우리 곁에도 장애를 이겨내고 예술가로 우뚝 선 사람이 있다. 핸디래퍼 김지연은 유명한 해외 핸디래퍼들과 컬래버레이션 공연을 꿈꾼다. 핸디래퍼는 빠른 비트의 랩을 수어로 하는 사람이다. 김지연의 핸디랩 공연을 보는 관객들은 지루할 틈 없이 그녀의 현란한 손짓에 빠져든다.

최근 선보인 '30살 청년'이라는 무대에서 김지연은 찬란했던 20대를 지나 여전히 현실적인 어려움을 마주할 수밖에 없는 30대 청춘의 삶을, 춤과 핸디랩 그리고 연기로 표현해 관객들을 매료시켰다. 청각장애를 더 풍부한 예술로 승화시킨 그녀의 공연에 모두가 깊이 공감하는 순간이었다.

"불가능은 포기가 아닌 도전할 수 있는 가능성을 의미합니다. 불가능에 도전해보세요. 가능해집니다."

왼쪽 팔을 절단하고도 드러머로서 활발하게 활동했던 록밴드 데프레퍼드의 릭 앨런Rick Allen의 말은 지금 이 순간에도 우리 가까이에서 끊임없이 증명되고 있다. 휠체어댄서 김용우, 기타리스트 김지희, 소리꾼 최예나, 발레리나 고아라 그리고….

코로나의 습격, 언택트 예술의 새로운 길을 열다

'피아노와 소독 티슈를 위한 코로나바이러스 연습곡Coronavirus Etude'

웃음과 동시에 궁금증을 유발하는 제목의 이 연주곡은 미국의 음악 교사가 만든 것으로, 피아노 건반의 가장 낮은 음에서 시작해 가장 높은 음까지 하얀 건반을 모두 훑으며 시작한다. 그리고 다음은 검은 건반 차례다. 쉼표와 세고 여림까지 잘 지키기만 하면 연주를 마치는 순간 건반 구석구석이 잘 닦여 있도록 설계되었다.

이 곡은 코로나로 인한 불안을 깨끗이 닦아내는 동시에 웃음까지 선사한 멋진 시도로 주목받았다. 과연 코로나바이러스가 없었다 해도 이 곡이 멋진 작품으로 인정받을 수 있었을까? 어쩌면 관심조차 받지 못했을지도 모른다. 이는 예술이 각 시대와 상황을 반영하고 대중의 관심과 흐름을 무시할 수 없는 이유다.

우리가 즐기던 예술을 코로나가 빼앗아갔다는 암울한 진단은
얼마 가지 않았다. 오히려 예술을 즐길 수 있는 또 다른 형태의
길, 즉 언택트untact로 만나는 예술의 가능성을 열어주었다.

세계 최고로 여겨지던 베를린 필하모닉, 뉴욕 메트로폴리탄
오페라, 런던 심포니, 빈 국립오페라, 태양의서커스 공연 실황을
온라인에서 무료로 즐길 수 있게 된 것은 시작에 불과했다. 세계
적인 발레단의 발레리나들이 온라인 클래스를 열어 자신의 집
거실과 부엌에서 발레를 가르쳐주며 '홈트 발레' 시대를 열었다.
6개월 이상 코로나바이러스와 싸웠던 모니크 잭슨Monique Jackson
은 그림일기로 세상과 소통하면서 예술하는 일상을 공유했다.

거리의 예술가 뱅크시도 활동무대를 온라인으로 넓혀, 인스
타그램에 '게임 체인저'라는 작품을 소개했다. 베트맨과 스파이
더맨 같은 슈퍼히어로들 대신 마스크를 쓴 간호사 인형을 가지
고 노는 어린이의 모습을 그린 이 그림은 사우샘프턴 종합병원
에 기부되었다. 뱅크시는 또 자기 집 화장실 벽 수건걸이에 매달
리거나 치약을 밟거나 조명 스위치에 매달린 익살스러운 쥐들의
그림을 공개했다. 거장 데이비드 호크니David Hockney 역시 인스타
그램에 수선화를 그린 '기억하라, 봄은 꼭 온다'는 작품을 공개한
후 사용자들과 소통의 과정을 즐겼다.

한편 미국 작가 카우스KAWS는 자신의 캐릭터 컴패니언을 휴

대전화 앱을 이용해 전 세계 어디서든 증강현실로 체험할 수 있는 서비스를 제공했다.

세계적인 미래학자 자크 아탈리Jacques Attali는 "역사적으로 전염병은 변화를 촉진하는 촉매제"라면서, "코로나 사태로 새로운 예술이 발달할 것"이라고 전망했다. 그의 생각대로 현재 코로나는 예술의 세계를 확장시키는 계기가 되고 있다.

내 방을 미술관, 박물관, 공연장으로 만들어준 것도, 새로운 미술 작품을 클릭 몇 번으로 구매하게 된 것도, 다른 예술가들과 시공의 벽을 넘어 온라인으로 협업할 수 있게 된 것도 모두 코로나가 앞당긴 언택트 사회라서 가능해진 일이다. 이제 언택트는 온택트로 전환되고 있다. 우리가 앞으로 경험하게 될 예술, 아직은 경험하지 못한 새로운 예술은 또 어떤 모습일까?

참고 자료

'잠옷 입은 연주자들… 코로나 시대에 빛난 예술 아이디어', 《중앙일보》, 2020년 04월 09일 ┃ '6개월 지나도 사라지지 않는 코로나19… 어떻게 해야 할지 모르겠어요', 《BBC NEWS 코리아》, 2020년 09월 05일 ┃ '화장지 위에서 뛰는 쥐, 아이패드 속 수선화… 예술가들의 코로나 극복법', 《한겨레》, 2020년 05월 03일 ┃ '의료진이 슈퍼히어로… 얼굴 없는 화가 뱅크시 신작 기부', 《연합뉴스》, 2020년 05월 08일어른을 위한 그림책은 있다!

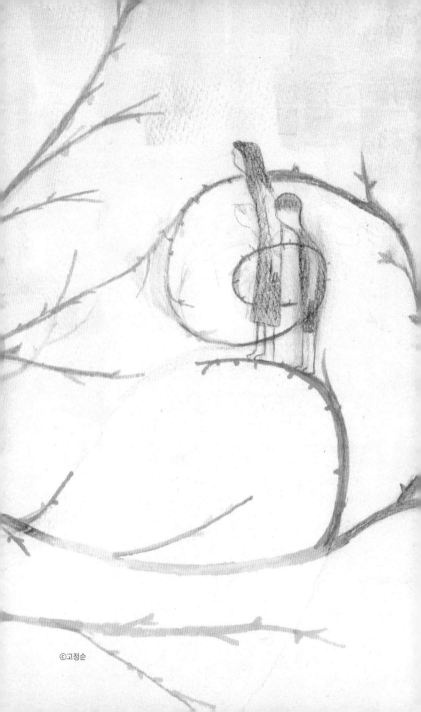

©고정순

내면의 아이는 아직도 동화를 꿈꾼다

친한 친구였던 코끼리를 잃은 소년이 죽음을 받아들이는
어둡고 우울한 과정을 그린『철사 코끼리』.
"몸만 컸을 뿐이지, 마음에는 여전히 아이가 있거나
아이같이 울고 싶은 어른들이 있잖아요."
"보면서 많이 울었습니다. 책 속의 어린 소년만큼
아직 제게도 이별은 어렵네요."

워킹맘 엄마를 기다리는 아이에게 엄마가 늦을 수밖에 없는
이유를 이야기하는『엄마 왜 안 와』.
"책을 펼치기도 전에 제목에 울컥하네요.

아이의 목소리가 들리는 것 같아서…."

취할 수 없는 자신의 주먹과 발과 혓바닥을 저주하며
아빠와 똑같은 사람이 되고 싶지 않다고 읊조리는
아이의 목소리를 담은 『아빠의 술친구』.
"어린 날을 소환하는 이야기, 아무렇지 않은 척 마음
저 구석에 깊이 닫아둔 쓰라린 기억과 거북한 감정을 훅
끄집어냈다."

울고 싶지만, 떼쓰고 싶지만, 어른인 척하고 싶지만….
긴 글을 읽을 힘조차 남지 않는 고단한 하루하루를 보내는
수많은 '어른이들'을 위한 그림책, 그림책은 누구에게서나
아이를 찾는다.

울고 싶은 '어른이'를 위한 그림책 이야기

아이에게 그림책을 읽어주다 나도 모르게 눈물 흘리던 순간, 서점에서 우연히 읽은 그림책에서 어린 시절의 상처를 맞닥뜨리고 가슴 먹먹해지던 순간, 누군가 건넨 그림책에서 따뜻한 위로를 느끼거나 혹은 피식 웃음이 새어나오던 순간….

이런 순간들에 발목을 잡혀 "그림책에 빠졌다"고 말하는 '어른이'들이 점점 더 많아지고 있다. 그들은 단순한 마음의 위로가 그림책에서 얻는 전부는 아니라고 말한다. 그림책은 우리를 한바탕 웃게도 하고 울게도 한다. 나의 마음과 생각을, 나아가 내가 속한 사회의 문제를 새로운 시선으로 깊이 들여다보는 기회를 제공해준다.

함께 어우러진 글과 그림으로 사람의 마음과 생각을 움직이게 하는 그림책. 여기 어른을 위한, 어른에게 선물하고 싶은 특별한 그림책들이 있다.

원형탈모에 걸린 수영 강사 이야기를 통해 "진짜로 중요한 건 무엇일까?"라는 질문을 던지는 이색적인 그림책 『중요한 문제』.

원형탈모증이라는 중요한 문제를 해결해야 하니까 평소에 좋아하던 일들을 포기하는 것쯤은 감내해야 한다고 생각한 네모 씨. 하지만 점점 웃음을 잃어가면서 더 중요한 문제가 무엇인지 깨닫게 된다. 네모 씨는 면도기를 들어 머리카락을, 아니 머리카락에 대한 집착을 밀어버린다. 그리하여 소중한 일상, 즉 새벽 달리기, 따뜻한 목욕, 시원한 맥주 한잔, 일요일 저녁 개그 프로그램을 보며 깔깔대는 즐거움을 되찾는다. 네모 씨에게 그리고 우리에게 정말 중요한 문제는 무엇일까?

감당할 수 없을 만큼의 스트레스가 휘몰아칠 때, 아무리 애를 써도 모든 일이 꼬이기만 할 때, 내 마음의 보폭을 살펴보라고 권하는 그림책도 있다. 바로 슬랩스틱코미디 같은 웃음을 선물하는 『빗방울이 후두둑』.

어느 날, 바람이 분다. 빗방울이 후두둑, 갑자기 쏟아지는 비에 쫙 펼친 우산이 순식간에 뒤집힌다. 바람에 맞서며 뒤집힌 우산을 고쳐 펴려는 순간, 씽 지나가는 차에 물폭탄을 맞는다. 설상가상, 우산대는 부러지고 더 짙은 먹구름이 몰려온다. 급한 마음에 다른 사람들을 따라 달려보지만, 그만 발을 헛디뎌 엎어지고 만다. 어떻게 하지? 에라, 모르겠다. 천천히 걸어가자. 순간 자신만의 속도를 찾아낸 그녀의 걸음에 당당함이 느껴진다.

가정폭력을 조금 다른 결로 이야기하는 『아빠의 술친구』는 누군가에게는 불편함을, 또 다른 누군가에게는 용기를 주는 그림책이다.

술 취한 아빠의 힘센 주먹과 욕설을 내뱉는 혓바닥, 거친 발바닥에 저항할 수 없는 아이는 그렇게 매일 아빠의 폭력을 견뎌낼 수밖에 없다. 하지만 아이가 겪는 고통은 그뿐만이 아니다. '저놈도 자라면 지 애비처럼 되겠지'라는 사람들의 편견, 그리고 그런 편견에서 자유롭지 못한 자기 자신이 더 큰 고통이다.

"나를 기다리는 빈 술통이 떠올랐다. 내가 담기길 기다리는 빈 술통."

아버지를 집어삼켰던 그 끔찍한 술통이 자신까지 삼키려 들까 봐 어두운 구석에서 몸서리치고 있을 누군가에게 『아빠의 술친구』는 조심스레 응원을 건넨다. 모든 폭력이 또 다른 폭력으로 이어지는 것은 아니고, 당신은 결코 똑같은 어른으로 자라지 않을 거라고.

그림책 읽기는 나를 만나는 여행이다. 나를 만나는 여행은 삶이 계속되는 한 이어진다. 그림책 읽기도 마찬가지다. '그림책은 아이들이나 읽는 책'이라는 색안경을 잠시 벗어두고 진정한 나를 만나는 여행에 동참해보는 것은 어떨까?

그림책테라피, 그림의 품 안에서 위로받고 치유하기

'달달한 작당', '노란 우산', '그림의 맛'.

일상에 지친 어른들이 따뜻한 차 한 잔을 마시는 동안 가벼운 마음으로 책 한 권을 천천히 음미할 수 있는 곳. 그림책카페에서는 그림책을 읽는 어른들의 모습이 낯설지 않다.

요즘은 그림책을 읽는 어른들의 모임 역시 어렵지 않게 만날 수 있다. 동네 작은도서관의 동아리부터 현직 교사들의 '좋아서 하는 그림책연구회', 그리고 최인아책방의 '어른을 위한 그림책 읽기'나 공립도서관에서 주최하는 다양한 그림책 강좌까지, 간단한 인터넷 검색을 통해 그림책 함께 읽기에 참여할 수 있다. 이런 모임을 설명하는 글 중 단연 눈에 띄는 것은 '그림책테라피'다. 테라피는 본래 치유, 치료를 의미한다. 그렇다면 그림책이 다친 마음을 치유할 수 있다는 것일까?

『그림책에 마음을 묻다』는 "외롭고 지치고 상처받고 혼란스러운 당신의 마음을 다독여줄 그림책을 처방해드립니다"라는 문구로 책을 연다. 과거의 일로 삶이 어긋나버린 것 같다는 고민에는 버릴 수도 숨길 수도 없는, 걸리적거리만 하는 자신의 냄비를 인정하고 당당해질 것을 권하는 『아나톨의 작은 냄비』를 추천한다. 그리고 못난 외모와 부족한 말주변으로 툭하면 얼굴이 빨개진다는 고민에는 『조금은 부족해도 괜찮아』를 처방한다. 어딘가 하나씩 모자란 친구들이 완벽이의 평가에 흔들리지 않고 자신의 좋은 면을 찾아내 행복한 걸음을 내딛게 되는 내용이 공감을 자아내기 때문이다.

이처럼 홀로 그림책을 읽으면서 나름의 의미와 위로를 얻는 이들도 있지만, 다른 사람들과 함께 그림책을 읽는 사람들도 많다. 그들은 하나같이 함께 읽으면서 더 큰 위로를 받는다고, 진정한 그림책테라피를 경험할 수 있다고 이야기한다.

그림책을 함께 읽는 모임에 참여하는 사람들은 그림책에 각자의 마음을 비춰보고 마음에 다가오는 이야기들을 함께 나눈다. 다른 사람들은 그냥 지나쳤던 부분에서 자신의 상처를 발견하는 이도 있고, 등장인물의 감정에 깊이 몰입해 눈물을 흘리는 이도 있고, 억눌려 있던 자기 생각과 감정을 조심스레 드러내 보이는 이도 있다.

함께 읽은 사람들의 이야기에 서로 공감과 위로를 나눈다. 그러면서 인생에서 휘청거리는 것은 나만이 아님을, 누구나 자신만의 시련을 견뎌내고 있음을 깨닫는다. 또 자신과 다른 관점이나 가치관을 가진 사람들을 만나 대화를 나누면서 세상과 사람을 바라보는 시야를 넓히기도 한다. 이처럼 외로움과 힘겨움에 발목이 잡힌 이들이 서로를 위로하고 공감하는 일은 다양한 방법으로 실현되고 있다.

참고 자료

조원희, 『중요한 문제』, 이야기꽃, 2017 | 전미화, 『빗방울이 후두둑』, 사계절, 2016 | 김흥식 글, 고정순 그림, 『아빠의 술친구』, 씨드북, 2019 | 최혜진, 『그림책에 마음을 묻다』, 북라이프, 2017 | 김소영, 『어른을 위한 그림책테라피』, 피그말리온, 2018

Art
Collaboration

세상 모든 것이
예술과 사랑에 빠지다

당신의 이별을
전시해드립니다

헤어짐을 추억하는 박물관

'당신의 이별을 전시해드립니다.'

헤어짐을 추억하는 물건들을 전시하는
특별한 박물관이 있다.
4년의 연애를 끝낸 커플이 이별을 추억하기 위해 기획한
이별박물관Museum of Broken Relationships은 2006년 크로아티아
자그레브에서 42개의 기증품으로 첫 전시회를 열었다.

변하지 않는 사랑을 약속하는 연인들의 맹세는 때론
허공중에 사라지는 연기와 같다.

덧없이 끝나버린 연인과의 추억이 담긴 물건은 한강 바닥에
가라앉거나 불에 타거나 갈기갈기 찢기기 일쑤다.
하지만 이별박물관으로 보내면, 이별의 추억을
간직한 전시품이 된다. 그곳은 다양한 물건들만큼
다양한 사랑 이야기로 가득하다.

한창 방에서 그림 작업을 할 때 여자친구가 종잇조각 하나를
내밀었다. 그녀와 헤어지고 2년쯤 지나 이 쪽지를 다시 발견했다.
'내게 관심 가져줘(Pay attention to me)!'
— '종잇조각', 사랑한 기간: 9년, 미국 캘리포니아

사랑만큼 갑작스럽게 찾아온 이별은
영원히 잊히지 않는 아픔을 남기기도 한다.

처음 낙하산 점프를 하던 날 그를 만났다. 우리는 하늘에서의
장난을 즐겼다. 그러던 어느 날, 그는 낙하산 사고로 세상을 떠났다.
— '낙하산 장치', 사랑한 기간: 3년, 핀란드 헬싱키

세상에 헤아릴 수 없이 많은 종류의 이별이 있듯이
이별박물관에 전시된 수많은 물건은 저마다의 메시지를 담고

있다. 모든 이별은 고통스럽지만 어딘가에는 나와 비슷한
이별을 경험한 사람이 존재한다. 이별박물관에서는
어떤 이별의 아픔도 혼자만의 외로운 감정이 아니다.

"우리는 결혼, 죽음, 졸업을 기념하지만 인생을 망가뜨리고
다시 시작하게 하는 이별을 기념할 기회는 없었어요."
이별박물관 설립자 올린카 비슈티차의 말처럼,
우리 인생의 크고 작은 이별을 하나씩 끄집어내
기념하는 시간을 가져보면 어떨까?

세상에 헤아릴
수 없이 많은 종류의
이별이 있듯이
이별박물관에 전시된
수많은 물건은
저마다의 메시지를
담고 있다.

привет

белочка,

ss + miss

оп.

ndrej)

세상에서 가장 애틋한 전시

"예전 연인들에게 나는 어떤 존재로 기억될까? 경건한 마음으로 지난날을 돌아봤어요."

전 세계에서 도착한 이별을 상징하는 물건들을 감상한 사람들은 저마다의 이별을 떠올리며 큰 위로와 공감을 받았다고 말한다. 작은 선박용 컨테이너 박스에서 시작된 전시는 10년간 22개국 35개 도시를 돌았다. 크로아티아 자그레브에 정식 박물관도 생겼고, 미국 LA에 지점이 개관되기도 했다.

이 박물관의 운영자는 한때 연인 사이였던 영화 프로듀서 올린카 비슈티차Olinka Vištica와 조각가 드라젠 그루비시치Dražen Grubišić다. 두 사람은 4년간의 뜨거웠던 사랑이 끝난 후, 남은 물건들을 처분하기 위해 고심하다가 이별보관소를 만들기로 했다. 기증품을 받는다는 소식을 전해들은 지인들을 통해 42가지의 사연이 모였다. 이 전시는 수많은 이들의 공감을 불러일으켰으며, 주요 언론에서 '세상에서 가장 애틋한 전시'로 주목받았고 전 세계의 도시에 초청되었다. 2016년에는 제주 탑동 아라리오뮤지엄에서도 전시가 열렸다.

남편이 떠나던 날 입은 블라우스, 결혼식 날 양복을 다렸던 다리미, 말싸움 끝에 내던진 수화기… 헤어짐에 얽힌 사연은 국적도 성별도 나이도 상관없고 구구절절한 설명도 필요없다. 전시품 앞에 선 이들은 저마다의 슬픈 경험을 떠올리며 깊은 상념에 빠져들고, 그러면서 오랫동안 품고 있던 이별의 아픈 기억을 치유받는다.

이별박물관에는 조금 다른 의미의 이별을 기념하는 전시품들도 있다. 이별의 아픔이 아닌, 헤어진 후 비로소 자유로워진 사람들의 이야기를 담고 있는 물건들이다.

언제나 다이어트로 스트레스받던 나 자신과 이별하고
인생의 다른 것들에 집중하고 싶다.
— '청바지', 다이어트 기간: 평생, 대한민국 서울

드디어 시집살이를 마치는 오늘,
가사노동에서 벗어난다.
드디어 내 삶을 살 수 있게 되었다.
이별을 하고서야 비로소 되찾은 나의 인생.
— '고무장갑', 시집살이 기간: 4년, 대한민국 서울

학창 시절부터 줄곧 시달려온 다이어트 강박에서 벗어나던 날 옷장에서 꺼내든 청바지, 주부와 며느리로 살면서 잊고 있던 나 자신을 찾기 위해 벗어던진 고무장갑…. 나를 옥죄던 시간과 강박 그리고 습관들과의 이별을 상징하는 이 물건들도 예술이 되었다. 나만의 스토리를 담고 있으면서도 누구나 공감할 수 있는 진정성을 갖고 있기 때문이다.

한국에서 열린 이별박물관 전시는 다른 나라의 전시와는 또 다른 특징이 있었다. 올린카 비슈티차가 꼽은 특징은 '사연이 아주 길고 자세하다'는 것이었다. 마음속에 품은 상처와 이별의 이야기가 어느 나라보다 절절했기 때문 아닐까?

죽음과 컬래버하는 예술가, 데이미언 허스트

소의 머리가 썩어가며 구더기가 생겨나고, 구더기가 파리가 되어 날아가다 전기충격기에 의해 죽어서 바닥으로 떨어지는 모습('천년'), 유리상자 안 포름알데히드 용액에 절여진 채 떠 있는 절단된 상어('살아 있는 누군가의 마음에서 불가능한 물리적 죽음'), 눈부시

게 화려한 다이아몬드가 빼곡히 박혀 있는 사람의 두개골('신의 사
랑을 위하여')….

영국 현대미술의 살아 있는 전설 데이미언 허스트_{Damien Hirst}
의 작품들은 잔혹한 죽음을 예술로 형상화한 것들이다. 허스트
의 이런 작품 성향을 두고 일부 비평가들은 "작품을 알리기 위해
지나치게 자극적인 소재를 사용하는 끔찍한 취향의 작가"라고도
말한다. 하지만 그는 이런 비난을 뛰어넘어 '죽음 속에 숨어 있는
지독한 아름다움'을 시각적으로 표현해내는 도전을 성취해냄으
로써 현대미술의 아이콘이 되었다.

"죽음에 대해 생각하지 않고서 살아가려는 사회는 어리석다.
죽음에 대해 생각하면 할수록 우리는 더욱 열정적으로 삶을 살
아갈 수 있기 때문이다."

허스트의 이 말은 그가 왜 죽음이라는 소재에 집착하는지 잘
말해준다.

우리는 누구나 죽음을 인지하고 있지만, 언제 삶의 문이 닫힐
지는 누구도 알지 못한다. 그래서 어떤 이들은 마치 불멸의 존재
인 양 세속적 욕망을 이루기 위해 질주하기도 한다. 죽음을 소재
로 한 수많은 예술 작품들은 이런 현대인들의 망각을 일깨우고
삶과 죽음에 대해 진지하게 생각해볼 수 있게 해준다.

죽음에 천착해 악몽과 절규를 주로 그린 화가도 있다. '세 번

공공 프로젝트의 일환으로 전시된 데이미언 허스트의 작품 'Temple'.

"죽음에 대해
생각하지 않고서
살아가려는 사회는
어리석다. 죽음에
대해 생각하면
할수록 우리는 더욱
열정적으로 삶을
살아갈 수 있기
때문이다."

보면 죽는 그림'이라는 괴담으로 유명해진 즈지스와프 벡신스키 Zdzislaw Beksinski가 대표적이다. 그는 환시미술 장르를 개척한 화가 로도 알려져 있다. 또 절망과 공포를 그린 화가로 너무도 유명한 에드바르트 뭉크Edvard Munch를 들 수 있다.

서늘한 황무지 위에 덩그러니 놓여 있는 의자, 그 위에 여자의 머리가 놓여 있다. 여자의 검고 퀭한 눈동자는 어딘지 알 수 없는 곳을 응시한다. 벡신스키는 왜 이처럼 악몽과도 같은 그림을 그렸을까?

그는 어린 시절 수많은 유대인이 살해당하는 것을 목격했고, 삶 자체가 마지막 순간까지 비극이었다. 하지만 역사는 아이러니하게 작동된다. 벡신스키가 살면서 겪어야 했던 비극적인 일들은 그의 작품으로 표현되는 데 그치지 않았다. 그의 이 끔찍한 작품들은 놀랍게도 영화계에 지대한 영향을 미쳤다. 영화 '에이리언'에 등장하는 괴생물의 디자인도 그의 작품에서 모티브를 얻은 것으로 알려져 있다.

뭉크 역시 '삶과 죽음'에 천착한 화가다. 다섯 살 때 어머니를 잃은 뭉크는 평생 죽음에 대한 불안과 공포에서 벗어날 수 없었다. 세기의 걸작 '절규'는 그가 얼마나 고독하고 불안한 삶을 살았는지 여실히 보여준다.

끔찍한 공포와 악몽 그리고 죽음을 소재로 한 예술 작품이 명작으로 주목받는 이유는 무엇일까? 불안과 공포는 현대인들 누구나 일상에서 겪는 보편적인 감정이기 때문에, 그 어떤 작품보다 강렬하게 몰입하게 된다. 그러면서 불안에 대한 자신의 감정도 찬찬히 들여다보게 된다. 나아가 죽음이란 늘 삶과 연결되어 있기 때문에 우리 누구도 여기에서 자유롭지 않다.

참고 자료

올린카 비슈티차·드라젠 그루비시치, 『내가 사랑했던 모든 애인들에게』, 박다솜 옮김, 놀, 2019 │ '사랑할 때 주고받았던 선물들 한곳에 모아 이별의 아픔 달래다.', 《중앙일보》, 2016년 05월 08일 │ '절절한 사연이 담겨 있는 이별박물관', MBC, 《월드리포트》 2016년 06월 12일 │ '타인의 죽음은 내 삶의 거울이다', 《중앙일보》, 2015년 04월 25일 │ '3번 보면 죽는 그림이 있다고?…악몽을 그린 화가 백신스키', 《매일경제》, 2021년 01월 23일

스파이더, 맨

거대한 투명 돔은 토마스 사라세노의 2008년 작품.

거미를 사랑하며 배운 공존의 미학

2019년 11월, 서울 갤러리현대 전시장에서는
어둠 속에서 노란 무당거미가 쉼 없이 집을 짓고 있었다.
잠시 후 조명이 비추자 서서히 모습을 드러낸 거미집은
우리가 늘 보던 음울하고 오싹한 구조물이 아닌
놀랍도록 섬세하고 아름다운 오브제였다.
토마스 사라세노의 작품 '거미 콘서트'다.

살아 있는 거미와 협업하는 작가,
아르헨티나 출신의 세계적인 설치미술가 토마스 사라세노.
그는 거미와 인간이 소통과 협업으로 만들어낸 합작품을

통해 예술의 무한한 가능성을 보여주고 있다.

눈이 없어 진동으로 세상을 감지하는 거미들은
관람객의 움직임이 만드는 진동에 반응하며 집을 짓는다.
거미가 집을 지을 때 발생하는 미세한 진동을 증폭시킨
소리를 듣는 관람객들 역시 놀라운 경험을 하게 된다.
비언어적 소통으로 이루어지는 인간과 거미의 공존은
사라세노 작품의 주요한 의미다.

사라세노가 기억하는 거미와의 첫 만남은 열한 살 소년 시절,
할머니 댁의 오래된 건물 다락방에서였다. 그곳에 가득했던
거미를 본 후 잊을 수 없는 기억 속에서 거미에 대한 사랑은
시작되었다. 이후 그는 약 150마리의 거미를 스튜디오에서
키우며 거미줄을 스캔하고 재구성한 최초의 인물이자
세계 유일의 거미줄 아카이브를 보유한 설치미술가가
되었다.

"거미는 집을 만들 때 환경에 피해를 주지 않잖아요.
지구에서 1억 6,000년 이상을 산 거미가 인간에게
지구와 공존하는 방법을 알려주고 있어요."

거미를 사랑하며 배운 '지구와 공존하는 방법'이
그의 작품세계 전반에 지대한 영향을 미친 것이다.

사라세노는 거미와 협업하며 지구와 공존하는 방법을 작품으로 표현해내고 있다.

미술계의 스파이더맨 사라세노가 지구를 사랑하는 법

2020년 아르헨티나 북부의 소금사막 살리나스 그란데스의 하늘에 거대한 집이 떠올랐다. 토마스 사라세노Tomás Saraceno의 작품 '플라이 위드 에어로센 파차'다. 화석연료를 사용하지 않고 공기와 태양열 그리고 바람만을 이용한 공중부양 장치다.

'미술계의 스파이더맨' 사라세노의 상상력은 끊임없이 진화하고 있다. 그는 작품 전시를 위한 불가피한 이동 과정에서 발생하는 환경오염을 막기 위해 화석연료를 사용하지 않고 작품을 이동시키는 장치를 고민해왔다. 그 과정에서 열기구와 비슷하지만 오로지 공기와 태양열로 공중에 떠서 이동하는 '에어로센 프로젝트'를 실행하게 된 것이다.

2019년 제58회 베니스 비엔날레에서는 지구온난화와 해수면 상승의 문제를 조형물로 시각화해 공론화한 작품 '구름의 사라짐에 대하여'를 선보이기도 했다. 불규칙적인 14면체와 12면체가 혼합된 독특한 형태의 구름 모형 조형물이 아드리아해의 파도에서 일어나는 진동에 맞춰 달라지는 음악과 함께 전시됐다. 이 작품은 이산화탄소 등 대기오염 물질이 증가함에 따라 지구

온난화가 계속되고, 그로 인해 해수면이 상승해 결국 구름이 점
차 사라지는 현상을 형상화하고 있다.

사라세노가 추구하는 지속 가능한 삶과 공존의 예술은 앞으로
도 더욱 다양한 모습으로 진화할 것이다. 무엇보다 그의 이런 예
술적 상상은 결코 허무맹랑하지 않다. 환경학, 건축학, 천체물리
학, 열역학, 생명과학, 항공 엔지니어 등의 기술 학문과 지속적으
로 협업해나가고 있기 때문이다.

2000년 이후 미술계의 화두는 생태계와 기후변화, 기술혁명
등 인류를 둘러싼 거대한 변화였다. 백남준과 사라세노 등 수많
은 예술가들은 이런 변화를 작품세계에 민감하게 반영해왔다.
지구온난화와 환경 문제 등을 다뤄온 올라푸르 엘리아손Olafur
Eliasson도 마찬가지다.

엘리아손의 대표작 '날씨 프로젝트'는 환경 이슈에 대한 인류
의 각성을 촉구하고 있다. 이 작품은 2003년 런던 테이트모던미
술관의 터빈홀에서 공개되어 200만 명이 넘는 관람객들을 압도
했다. 노란빛을 발산하는 수백 개의 램프로 만든 인공 태양과 뿌
연 안개로 가득 찬 공간은 기후변화에 대한 공포와 불안감을 예
술적 체험을 통해 느끼게 해주었다.

그리고 2021년, 인류는 코로나 팬데믹으로 새로운 위기에 처
해 있다. 예술가들은 작품으로 다시 한번 연대와 공생의 의미를

전 세계인들과 함께 나누면서 지구와 인류의 공존을 위해 창의적 모색을 해나가고 있다.

크리스토와 잔 클로드의 캔버스는 대지

2005년 2월, 미국 뉴욕의 센트럴파크는 샛노란 천들로 뒤덮였다. 공원 내 산책로 등 37킬로미터 구간에 약 5미터에 이르는 오렌지색 프레임이 7,500개나 설치됐다. 이 프레임에 걸린 노란색 천은 바람에 휘날리며 공원에 산책 나온 이들에게 황홀경을 선사했다. 블룸버그 뉴욕시장이 '혁신적인 예술'이라고 극찬한 이 작품은 대지미술가 크리스토와 잔 클로드Christo and Jeanne-Claude의 작품 '더 게이츠'다.

대지미술은 거대한 장소와 규모를 활용한다. 작품이 만들어지는 곳의 지리적 특성만큼이나 다양한 형태로 구현되는데, 크리스토와 잔 클로드의 프로젝트에서 특히 주목할 만한 것은 관람객의 참여다. 이들의 작품은 관람객들에게 전통적인 미술 작품과 다른 감상 방법인 '체험과 참여'를 유도한다. 관람자들은 작품의 배경인 대지 위를 걸으면서 바람의 소리를 듣고, 온도를 느끼고, 작품을 만져보는 등 오감을 활용해 직접 체험하게 된다.

이 부부는 이탈리아 이세오호수에서도 경이로운 작품을 선보였다. 1970년에 발상한 아이디어를 46년 만에 실현한 '부유하는 부두'는 길이가 거의 3킬로미터에 달하고 넓이는 16미터가 넘는 부두를 2주 동안 호수 위에 떠 있게 하는 것이었다. 이 부두는 20만 개의 큐브로 만들어졌고, 다리 전체를 방수와 얼룩 저항력을 갖춘 10만 제곱미터의 노란 달리아색 직물로 덮었다. 방문객들은 이 연결 다리를 통해 마을과 섬 사이를 걷는 놀라운 경험을 했으며, 이 전시로 조용했던 시골마을은 예술의 성지가 되었다.

크리스토와 잔 클로드의 캔버스는 대지 그 자체다. 드넓게 펼쳐진 해안선, 호수, 섬 등의 자연과 도시 안의 다리, 위대한 건축물 등이 그들에겐 작품의 재료이자 캔버스인 셈이다. 자연과 건축물을 천으로 감싸는 프로젝트는 남다른 상상력과 스케일로 관람객들에게 단 한 번도 경험해보지 못한 감동을 선사한다.

무엇보다 이 부부의 작품은 몇 주 혹은 몇 달 동안만 존재하기 때문에 상품화할 수 없다. 그들의 작품을 감상하는 대가로 티켓을 팔 수도 없다. 어느 누구도 그들의 프로젝트를 돈으로 살 수 없다. 하지만 소유가 아닌 공유와 공존의 작품으로 관람객들의 마음속에 영원히 기억될 수는 있다.

크리스토와
잔 클로드의
캔버스는
대지 그 자체다.